INSTRUCTIONS

SUR LE

JEU DE WHIST.

INSTRUCTIONS

SUR

LE JEU DE WHIST,

PAR T. MATHEWS,

En Anglais et en Français,

CONTENANT

LE WHIST EN CINQ POINTS,
EN DIX POINTS, ET AUX TRICKS DOUBLES.

TRADUIT

PAR F. GARDERA,

TRADUCTEUR JURÉ PRÈS LES TRIBUNAUX DE LA SEINE.

PUBLIÉ

PAR M. COMMECY,

PROPRIÉTAIRE DU CERCLE FRANÇAIS.

A PARIS,

CHEZ L'ÉDITEUR, AU CERCLE FRANÇAIS,
18, RUE VIVIENNE.

BAUDRY, 9, RUE DU COQ.

DELAUNAY, PÉRISTYLE DE VALOIS.

1838.

Before you play, sort your hand carefully; look at the trump card, and consider the scores, the strength of your own hand, and probable strength of your partner's. After which keep your eye on the board instead of poring over your own hand. Without strict attention to the fall of the cards, no maxims, or even practice, can make a tolerable Whist player.

WHIST ! veut dire SILENCE !

Avant de jouer, arrangez vos cartes avec soin ; voyez quel est l'atout, et assurez-vous de l'état de la marque. Faites attention à la force de votre jeu, et aussi à la force probable de celui de votre partenaire. Après quoi, ayez les yeux fixés sur le tapis, au lieu de regarder votre jeu. Sans la plus grande attention aux cartes qui tombent, il n'y a ni maximes ni pratique qui puissent faire un joueur de Whist, même passable.

PRÉLIMINAIRES.

TO THE READER.

It is a fact of general notoriety, that notwithstanding the numerous theories published, and the almost universal practice of a science where profit and amusement may be combined, a *capital* Whist player is scarcely *ever,* and even what may be termed a *good* one, but rarely met with.

There is, indeed, in almost every provincial town, some 'Squire, Lawyer, or Parson, who, you are told, plays an *excellent game of Whist;* but a judge always finds him ignorant of what may be termed the alphabet; and, at best, possessed of a good memory, and capable, perhaps, of playing his own cards tolerably. The reason of this will appear obvious to those who reflect that in all other arts and sciences, no man commences but by making himself master of the *first rudiments;* but the Whist player, in

AU LECTEUR.

Il est généralement reconnu que, malgré les nombreuses théories publiées, et la pratique presque universelle d'un jeu qui peut réunir amusement et profit, il est très rare de rencontrer ce que l'on appelle un joueur de première force, ou même un bon joueur de Whist.

Il y a dans presque toutes les villes de province, parmi les habitans de la haute classe, des personnes qui ont la réputation d'être de première force au jeu de Whist; mais il est rare que ces personnes puissent soutenir l'examen d'un juge en cette matière : leurs connaissances se bornent à une bonne mémoire et à savoir jouer sans faire de fautes grossières. La raison en parait évidente lorsqu'on réfléchit que dans les arts et les sciences il est indispensable, pour un commençant, de se rendre maître des premiers élémens; mais le joueur

general, sits down to lose, perhaps considerable sums of money, without any further preparation than the having got a few *general* maxims by rote, which, from want of comprehending, he applies *universally*, and is consequently much oftener wrong than right in their application.

When the beginner reads, that with two or more of a sequence to his partner's lead (as king and queen) he should put on the lowest, he *does so*, or *not*, generally, without thinking it *material*; but after he is made to comprehend that his queen's passing demonstrates to his partner that the king cannot be in his left-hand adversary's hand, or the knave in his, and the consequent advantages to him in playing his suit (whereas if he puts on the *king*, it leaves him in ignorance as to the *queen* and *knave*) he will never after err in those cases, and will also know how to profit by similar correctness in his future partners.

To beginners I wish to inculcate the abso-

de Whist, en général, prend place à la table de jeu pour perdre peut-être des sommes considérables, sans aucune préparation que quelques maximes générales acquises par routine, et que, faute de les comprendre, il applique sans discernement ; ce qui fait que presque toujours l'application en est mauvaise.

Quand le commençant lit que, ayant deux ou plusieurs cartes d'une séquence (comme roi et dame), il doit, sur l'invite de son partenaire, jouer la plus basse, il le fait ou non, généralement sans se douter qu'aucune importance y soit attachée ; mais quand par la suite il arrivera à savoir que le jeu de la dame indique à son partenaire que le roi ne peut pas être dans la main de son adversaire de gauche, ni le valet dans la sienne, et qu'il sera convaincu des avantages qui en résultent pour lui (tandis qu'en jouant le roi son partenaire ignore où se trouve le valet ou la dame), il ne se trompera jamais par la suite, en pareil cas, et saura le parti qu'il pourra tirer de cette bonne manière de jouer, lorsqu'elle se rencontrera dans ses partenaires futurs.

Je désire inculquer dans l'esprit des com-

lute necessity that they should proceed gradually; and before they sit down to play at all, make themselves masters of the *different leads*, *modes of playing sequences*, and some few of the most simple rules. When they feel within themselves that they have acquired some insight into the *theory*, let them begin to reduce it to practice in the best set of players they can meet with. Beginning to play with bunglers, will not only prevent *present* improvement; but, as experience shows, when once they have acquired erroneous ideas, they will find it next to impossible to eradicate them in *future*.

By these means they will gradually acquire a knowledge of the more intricate combinations of the game, and comprehend *when* and *why* the general maxims are to be *adhered to* or *violated* : without which, I cannot too often repeat, they more frequently puzzle than inform the player.

Though in many instances I have deviated from the common maxims, yet I am not vain

mençans la nécessité absolue de procéder méthodiquement, et de connaître parfaitement, avant de s'asseoir à une table de jeu, les invites, la manière de jouer les séquences, et quelques unes des règles les plus simples. Quand ils auront acquis quelque connaissance de la théorie, et qu'ils auront quelque sentiment de leur force, c'est alors qu'ils pourront commencer à la mettre en pratique, mais avec les meilleurs joueurs qu'ils pourront rencontrer. Lorsqu'on commence à jouer avec des novices, non seulement tout progrès semble paralysé, mais quand une fois on a acquis des idées erronées, il est presque impossible par la suite de s'en défaire : l'expérience le prouve.

Par ce moyen ils acquerront graduellement la connaissance des combinaisons les plus compliquées du jeu. Ils comprendront *quand* et *pourquoi* on peut adhérer aux maximes générales ou s'en écarter; sans quoi, je ne puis trop souvent le répéter, ces maximes embarrassent plutôt le joueur qu'elles ne l'instruisent.

Quoique dans plusieurs occasions j'aie dévié des maximes reçues, je n'ai pourtant pas

enough to think I shall add much to the knowledge of the experienced Whist player; but I am convinced, that an attentive study of this little Treatise, *in the mode described,* will enable the beginner to sit down without disadvantage, in a very short time, with most sets he meets with. It is needless to tell those who play for considerable stakes, that it is *their* interest to acquire a knowledge of the game, at least sufficient to defend their money; but it is, in my opinion, equally necessary to the players for *amusement*, as they call it: which, for the most part, consists, *to a bungler*, in being scolded and found fault with, from the moment he sits down to the breaking up of the party.

How far I have succeeded in my intention must be left to the judgment of the Readers; to whom, with all due respect, these Maxims are dedicated, by THE AUTHOR.

---

la présomption de croire que je puisse ajouter beaucoup au savoir des joueurs de Whist expérimentés ; mais j'ai la conviction qu'une étude attentive des moyens enseignés dans ce petit Traité, tel qu'il est écrit, mettra en peu de temps le commençant à même de s'asseoir sans désavantage à une table de Whist, et sans qu'il ait à craindre la force de la généralité des joueurs. Il est inutile de dire à ceux qui jouent gros jeu, qu'il est de leur intérêt d'acquérir de ce jeu une connaissance au moins suffisante pour défendre leur argent ; et dans mon opinion cette connaissance est également nécessaire à ceux qui ne jouent, comme ils le disent, que pour s'amuser : cet amusement consistant la plupart du temps, pour les joueurs maladroits, à se faire gronder depuis le moment où ils s'assoient jusqu'à la fin de la partie.

Je laisse aux Lecteurs, auxquels je dédie respectueusement ces Maximes, le soin de juger si j'ai réussi dans mes intentions.

INTRODUCTION.

The following definition of the game of Whist is recommended to the attentive perusal of the Reader, previous to his studying the maxims; as nothing will facilitate his comprehension of them so much a sa clear idea of the ultimate end to which they all tend.

Whist is a game of *Calculation*, *Observation*, and *Position* or *Tenace*.

Calculation teaches you to plan your game, and lead originally to advantage; before a card is played, you suppose the dealer to have an honour and three other trumps; the others each an honour and two others. The least reflection will show, that, as it is two to one that your partner has *not* a named card, to lead on the supposition he *has* it, is to play against calculation. Whereas, the odds being in favour of his having *one* of *two* named cards, you are justi-

INTRODUCTION.

La définition suivante du jeu de Whist est recommandée à l'attention du Lecteur avant d'entrer dans l'étude des maximes ; car rien ne les lui facilitera plus qu'une idée claire et précise du but auquel elles tendent toutes.

Le Whist est un jeu de *calcul*, d'*observation* et de *position*.

Le calcul vous enseigne à jouer vos cartes de manière à en tirer avantage. Avant qu'une carte soit jouée, vous supposez que celui qui donne a un honneur et trois autres atouts ; les autres joueurs chacun un honneur et deux atouts. La moindre réflexion vous démontrera qu'il y a deux à parier contre un que votre partenaire *n'a pas* telle carte nommée : jouer dans la supposition qu'il l'a, c'est jouer contre tout calcul. Mais, d'un autre côté, la probabilité étant que, sur deux cartes nommées, il en a une, vous

fied in playing accordingly. Calculation is also of use on other occasions, which the maxims will elucidate; but after a few leads have taken place, it is nearly superseded by *observation.* Where the sets are *really good* players, before half the cards are played out, they are as well acquainted with the material ones remaining in each other's hands as if they had seen them.— Where two regular players are matched against two irregular ones, it is nearly the same advantage as if they were permitted to see each other's cards, while the *latter* were denied the same privilege.

It is an axiom, that the nearer your play approaches to what is called the *dumb man* the better.

These may be called the foundation of the game, and are so merely mechanical, that any one possessed of a tolerable memory may attain them.

After which comes the more difficult science of *position,* or the art of using the two former

êtes justifiable de jouer en conséquence. Le calcul est également utile dans d'autres occasions que les règles éclairciront. Mais, après que quelques tournées se sont succédé, l'observation rend le calcul presque inutile. Lorsque la partie est composée de joueurs de première force, avant que la moitié des cartes ne soit jouée, chacun connaît tout aussi bien les meilleures cartes qui restent entre les mains de ses adversaires que s'il les avait vues à découvert. Lorsque deux bons joueurs sont associés contre deux de force inférieure, l'avantage est presque le même pour les premiers que s'il leur était permis de voir réciproquement leurs cartes ; sans que ces derniers aient le même privilége.

Un axiome dit que le meilleur joueur est celui qui approche le plus du sourd-muet.

On peut appeler les observations précédentes les principes fondamentaux du jeu ; observations, entre autres, qui sont si simples qu'il ne faut, pour les acquérir, qu'une mémoire fort ordinaire.

Ensuite vient la science la plus difficile, la *position*, ou l'art d'employer avec avantage les

to advantage; without which, it is selfevident, they are of no use. Attentive study and practice will, in some degree, ensure success; but genius must be added before the whole finesse of the game can be acquired—however,

Est quiddam prodire tenus, si non datur ultra.

deux premières, c'est-à-dire le *calcul* et l'*observation*, lesquelles deviennent évidemment inutiles sans son secours. On réussit jusqu'à un certain point au moyen d'une étude attentive et avec de la pratique; mais néanmoins il faut du génie pour bien saisir toutes les finesses du jeu.

Est quiddam prodire tenus, si non datur ultra.

INSTRUCTIONS

SUR

LE WHIST.

DIRECTIONS AND MAXIMS

FOR

BEGINNERS.

1. Study all written maxims, with the cards placed before you, in the situations mentioned. Abstract directions puzzle much oftener than they assist the beginner.

2. Keep in your mind that general maxims pre-suppose the game and hand at their commencement; and that material changes in them frequently require that a different mode of play should be adopted.

3. Do not attempt to practice till you have acquired a competent knowledge of the theory; and avoid as much as possible, at first, sitting down with bad players. It is more difficult to eradicate erroneous than to acquire just ideas.

4. Never lead a card without a reason,

INSTRUCTIONS ET MAXIMES

POUR

LES COMMENÇANS.

1. ÉTUDIEZ toutes les maximes écrites, avec les cartes étalées devant vous dans l'ordre indiqué. Les règles abstraites embarrassent souvent plus qu'elles n'aident le commençant.

2. Ayez présent à l'esprit que les maximes générales présupposent la partie et le jeu au commencement; et que les changemens importans qui surviennent exigent souvent qu'on adopte une manière de jouer toute différente.

3. Ne vous hasardez pas à pratiquer le Whist avant d'avoir acquis une connaissance suffisante de la théorie, et évitez autant que possible, dans le commencement, de jouer avec des joueurs inférieurs. Il est plus difficile de se défaire d'idées erronées, que d'en acquérir de justes.

4. Ne jouez jamais une carte sans une raison

though a wrong one; it is better than accustoming yourself to play at random.

5. Do not at first puzzle yourself with many calculations. Those you will find hereafter mentioned are sufficient even for a proficient.

6. Do not accustom yourself to judge by consequences. *Bad* play sometimes succeeds when *good* would not. When you see an acknowledged judge of the game play in a manner you do not comprehend, get him to explain his reasons, and while fresh on your memory, place the same cards before you; when once you can comprehend the case, you will be able to adapt it to similar situations.

7. Before you play a card, sort your hand carefully, look at the trump card, and consider the score of the game, the strength of your own hand, and form your plan on the *probable situation* of the cards; subject, however, to be changed, should any thing fall to indicate a different one; after which, never

quelconque, quand bien même cette raison serait mauvaise; cela vaut encore mieux que de vous habituer à jouer au hasard.

5. En commençant, ne vous embarrassez pas l'esprit de trop de calculs; ceux que vous trouverez mentionnés ci-après suffiraient à une personne déjà même d'une certaine force.

6. Ne vous accoutumez pas à juger après coup; car une mauvaise manière de jouer réussit quelquefois, et un jeu bien dirigé peut souvent aussi manquer son effet. Lorsque vous voyez jouer un connaisseur, et que vous ne comprenez pas sa manière de jouer, priez-le de vous expliquer ses raisons; et tandis qu'elles sont présentes à votre mémoire, placez les mêmes cartes devant vous : quand une fois vous aurez bien compris, il vous sera facile par la suite d'en faire l'application en pareille circonstance.

7. Avant de jouer une carte, arrangez votre jeu avec soin, regardez la carte d'atout, et faites attention à la marque du jeu, à la valeur des cartes que vous avez en main, et tracez votre plan d'après la *situation probable* des cartes, prêt à le changer pourtant si quelque chose arrive qui en indique un tout différent; après quoi, ne regardez vos cartes, autant que possible, qu'au

look at your hand, till you are to play: without attending to the board, no maxims or practice can ever make a tolerable Whist player.

8. Observe silently and attentively the different systems of those with whom you commonly play; few but have their favourite one, the knowledge of which will give you a constant advantage: *one* leads by preference from an *ace,* another never but through necessity. [This will often direct you in putting on the king second.] The players of the *old school* never lead from a single card without six trumps; many do so from *weakness;* some have a trick of throwing down high cards to the adversary's lead, and then, by way of deception, affect to consider, although they have no alternative. Observation will enable you to counteract this, and turn it to your own profit.

9. The best leads are from sequences of three cards or more. If you have none, lead from

moment de jouer. Aucune maxime, aucune pratique ne peuvent faire un joueur passable de Whist, sans une attention particulière aux cartes jouées.

8. Observez en silence et attentivement les différens systèmes des personnes avec lesquelles vous jouez ordinairement; il y a peu de personnes qui n'aient un système favori, dont la connaissance vous donnera un avantage constant. Tel joueur commence l'invite de préférence par un *as*, tel autre ne le fait jamais que par nécessité. [Quand vous serez second en main, ceci vous dirigera souvent pour jouer le roi.] Les joueurs de la *vieille école*, quand ils n'ont qu'une seule carte d'une espèce, telle qu'un carreau, un pique, etc., ne commencent jamais par cette carte, sans tenir six atouts. Bien des gens agissent ainsi parce qu'ils sont faibles en atouts; d'autres, par ruse, jettent de hautes cartes sur l'invite de leur adversaire, et alors, pour le tromper, ils affectent de réfléchir, bien qu'ils n'aient aucune alternative. L'observation vous mettra à même de prévenir toute surprise, et de la faire tourner à votre avantage.

9. Les meilleures invites sont celles qui proviennent d'une séquence de trois cartes ou plus;

your most numerous suit; if strong in trumps, lead rather from one headed by a king than a queen; but with three or four small trumps, I should prefer leading from a single card to a long weak suit. This is contrary to the usual practice, especially of the players of the Old School.

10. The more plainly you demonstrate your hand to your partner, the better. Be particularly cautious not to deceive him in *his* or *your own* leads, or when he is likely to have the lead—a concealed game may now and then succeed in the suits of your adversaries; but this should not be attempted before you have made a considerable proficiency; and then but seldom, as its frequency would destroy the effect.

11. At the commencement of a game, if *you* have a good hand, or if your adversaries are considerably advanced in the score, play a bold game; if otherwise, a more cautious one.

si vous n'en avez point, jouez de la couleur dont vous avez le plus grand nombre. Si vous avez beaucoup d'atouts, jouez plutôt de la couleur dont vous avez le roi, que de celle dont vous avez la dame. Mais avec trois ou quatre petits atouts, je préfèrerais faire l'invite dans la couleur dont je n'aurais qu'une seule carte, que de la faire d'une longue suite de cartes faibles. Ceci est contraire à la pratique en usage, particulièrement à celle des joueurs de la vieille école.

10. Plus vous faites deviner clairement à votre partenaire l'état de votre jeu, mieux vous jouez. Mettez un soin particulier à ne pas le tromper dans son invite ou dans la vôtre, ou quand il est probable qu'il aura la main : un jeu caché peut réussir de temps à autre dans les couleurs de vos adversaires ; mais il n'en faut pas faire l'essai avant d'avoir fait beaucoup de progrès, et rarement alors, attendu qu'en réitérant vous en détruiriez l'effet.

11. Au commencement d'une partie, si vous avez beau jeu en main, ou si vos adversaires ont beaucoup de points, jouez un jeu hardi ; s'il en est autrement, jouez avec prudence.

12. Be as careful of what you throw away as what you *lead;* it is often of bad consequence to put down a tray with a deuce in your hand.—Suppose your partner leads the four, your right-hand adversary the five, and you put down the tray, it ought to be to a *certainty*, that you ruff it next time; but if he find the *deuce* in your hand, and you frequently deceive him by throwing down superior cards, it will destroy his confidence, and prevent his playing his game on similar occasions. I would wish to inculcate these minor qualifications of whist-playing to beginners, because they are attainable by every body; and when once the great advantage of this kind of correctness is seen, the *worst* player would practice it as constantly as the best—attention being all that is necessary.

13. Do not lead trumps merely because an honour is turned up on your left, or be deterred from it, if on your right-hand.—*Either* is proper, if the circumstances of your

12. Soyez aussi attentif dans le choix des cartes que vous jetez, que de celles avec lesquelles vous invitez; il n'est pas sans inconvénient de jeter le trois ayant un deux dans la main. Supposez que votre partenaire joue le quatre, votre adversaire de droite le cinq, et vous le trois, dans ce cas vous indiquez à votre partenaire que vous couperez la prochaine fois; mais si votre partenaire trouve le deux dans votre main, et que vous le trompiez souvent en jetant des cartes supérieures, vous lui ôtez toute confiance et l'empêchez de jouer son jeu lorsque pareille occasion se présente. Je désire inculquer dans l'esprit des commençans ces moindres nuances du jeu de Whist, parce qu'elles sont à la portée de tout le monde, et lorsqu'une fois on en aura reconnu l'avantage, le plus pauvre joueur en fera une pratique aussi constante que le plus habile. Il ne faut pour cela qu'un peu d'attention.

13. Ne jouez pas d'atout uniquement parce qu'un honneur se trouve retourné à votre gauche, et n'évitez pas de le faire si la même chose arrive à votre droite. L'un et l'autre cas sont

hand require trumps to be led; but *neither*, otherwise.

14. Finesses are generally right in *trumps*, or (if *strong* in *them*) in other suits; otherwise they are not to be risked but with caution.

15. Never ruff an uncertain card, if *strong*, or omit doing so if *weak* in trumps; this is one of the few universal maxims, and cannot be too closely adhered to, even did you *know* the best of the suit was in your partner's hand: it has the double advantage of making a useless trump and letting your partner into the state of your hand, who will play accordingly.

16. Keep the command of your adversary's suit as long as you can with safety; but never that of your partner.

17. Do not ruff a thirteenth card second lead, if *strong*; but always if *weak* in trumps.

admissibles selon que votre jeu exige de jouer atout. Autrement abstenez-vous de le faire.

14. On a généralement raison d'employer les *finesses* en jouant les atouts, et même dans les autres couleurs quand on en a beaucoup ; dans d'autres cas, on ne devrait les risquer qu'avec prudence.

15. Ne coupez jamais une carte incertaine si vous êtes fort en atouts, et ne manquez pas de le faire si vous n'en avez que peu. Cette dernière règle est une des maximes générales que vous ne sauriez trop observer, quand bien même vous connaîtriez que les plus fortes cartes de la couleur sont dans la main de votre partenaire : vous y trouvez le double avantage d'employer un atout inutile, et de faire connaître l'état de votre main à votre partenaire, qui jouera en conséquence.

16. Conservez la carte roi de la couleur de votre adversaire aussi long-temps que vous le pourrez faire avec sûreté ; mais jamais celle de votre partenaire.

17. Étant second à jouer, ne coupez point une treizième carte, si vous êtes fort en atouts ; mais faites-le si vous ne l'êtes pas.

18. Always force the *strong*, seldom the *weak*, never the *two*; otherwise you play your adversaries' game, and give the *one* an opportunity to make his small trumps, while the *other* throws away his losing cards. It is a very *general* as well as fatal error; but the extent of it is seldom comprehended by unskilful players, who, seeing the good effect of *judicious forces*, practice them INJUDICIOUSLY, to their almost constant disadvantage. The following effect of a force is too obvious not to be instantly comprehended. I have only to tell the student, that the same principle operates through the fifty-two cards, however various their combinations; and that a steady consideration of it is one of the first necessary steps towards an insight into the game.

A has a seizieme major in trumps, a quart major in the second, and a tierce major in a third suit. — *B*, his adversary, has six small trumps, and the entire command of the fourth suit; in this case it is obvious that *one force* on *A* gains the odd trick for *B*, who without

18. Forcez toujours à couper celui de vos adversaires qui est fort en atouts, rarement le faible, jamais les deux à la fois; autrement vous faites leur jeu, et vous donnez à l'un l'occasion de faire ses petits atouts, tandis que l'autre jette ses cartes inutiles. C'est une erreur aussi générale qu'elle est pernicieuse, mais les joueurs inhabiles en comprennent rarement l'étendue : voyant le bon effet de forcer *judicieusement,* ils le font sans discernement, et presque toujours à leur désavantage. L'effet suivant est trop évident pour n'être pas compris facilement. Je dirai seulement au commençant que le même principe opère dans les cinquante-deux cartes, quelque variées que soient leurs combinaisons, et qu'une étude constante et soutenue de ce principe est un des pas les plus nécessaires et les plus progressifs vers la connaissance du jeu.

A a une seizième majeure en atouts, une quatrième majeure dans une seconde couleur, et une tierce majeure dans une troisième. — *B*, son adversaire, a six petits atouts et l'entier commandement de la quatrième couleur : dans ce cas, il est évident que si *A* est forcé de couper, cela

it loses a slam. Though so great an effect may seldom be produced, still there is scarcely a rubber where the truth of the maxim is not experimentally proved.

19. When, with a very strong suit, you lead trumps in hope your partner may command them, show your suit first. If you have a strength in trumps in *your* hand, play them originally.

20. With the ace and three other trumps, it is seldom right to win the first and second lead in that suit, if made by your adversaries, unless your partner ruffs some other.

21. With a strong hand in trumps, particularly if you have a long suit, avoid ruffing your right-hand adversary, as much as possible. As this is a maxim *less understood*, *less practised*, and *more indispensably necessary*, than almost any other, I will endeavour to explain it to beginners, as clearly as I am capable of doing. Cards being nearly equal, the point to which all the manœuvres of good Whist players tend, is to establish a long

fait gagner la levée à *B*, qui autrement aurait éprouvé un chelem ou vole. Quoiqu'un semblable effet se produise rarement, il est peu de robre où la vérité de cette maxime ne soit prouvée par l'expérience.

19. Lorsqu'avec une très forte couleur vous jouez les atouts, dans l'espoir que votre partenaire pourra s'y trouver maître, faites d'abord connaître votre couleur. Si vous êtes fort en atouts, jouez-les en premier.

20. Avec l'as et trois autres atouts, il est rarement à propos de gagner la première et la seconde tournée d'atouts, si l'invite est faite par vos adversaires, à moins que votre partenaire ne coupe quelque autre couleur.

21. Avec un grand nombre d'atouts en main, particulièrement si vous avez une longue couleur, évitez, autant que possible, de couper votre adversaire de droite. Cette maxime étant moins connue, moins pratiquée, et plus indispensablement nécessaire que presqu'aucune autre, je tâcherai de l'expliquer aux commençans aussi clairement qu'il me sera possible. Les cartes étant presqu'égales, le but vers lequel tendent toutes les manœuvres des bons joueurs de Whist, est d'établir une série de cartes maîtresses, et de

suit, and to preserve the last trump, to bring it into play, and to frustrate the same play of their adversaries. With an honour (or even a ten) with three other trumps, by well managing them, you have a right to expect success. In this case do not over-trump your right-hand adversary early in the hand; but throw away a losing card, by which, there remaining but twelve trumps, your own hand is strengthened, and your partner has the tenace, in whatever suit is led; whereas, had you over-ruffed, you would have given up the whole game to *secure one* trick. But there are reasons for breaking this rule: — 1st, if your left-hand adversary has shown a decided great hand in trumps (in which case make your tricks while you can), or 2d, if your partner *decidedly means* to force you. To understand if this be the case, you are to observe if your partner plays the winning or losing card of the suit you have refused. If the *former*, it is by no means clear he *means* to force you, and you play *your own game*. If the *latter*, you are to suppose *him*

conserver le dernier atout pour reprendre la main, et empêcher les adversaires de parvenir à ce but. Ayant un honneur (ou même un dix) avec trois autres atouts, en les dirigeant bien, vous avez droit d'en attendre quelque succès. — Dans ce cas, ne surcoupez pas trop tôt votre adversaire de droite, mais jetez une carte insignifiante : ce que faisant, il ne reste que douze atouts; votre jeu est renforcé d'autant, et votre partenaire a la tenace dans quelque couleur que l'on joue; au lieu qu'ayant surcoupé, vous eussiez compromis toute la partie pour assurer une seule levée. Mais il y a des raisons pour s'écarter de cette règle : 1°. si votre adversaire de gauche laisse voir un jeu fort en atouts (dans ce cas faites vos levées quand vous le pourrez); ou 2°. si votre partenaire a l'intention bien positive de vous forcer. Pour vous assurer s'il en est ainsi, vous devez observer si votre partenaire joue la carte gagnante ou la perdante de la couleur que vous avez refusée. S'il joue la carte gagnante, il n'est nullement clair qu'il veuille vous forcer, et vous jouerez alors votre jeu; mais s'il joue la carte perdante, il faut le supposer fort en atouts, et compter sur cette circonstance pour seconder votre longue série. — Une simple réflexion sur cette manière

strong in *trumps*, and depend on *this*, to protect *your* long suit; a due reflection on this will convince you of the value of that maxim, which enjoins you never to play a strong game with a weak hand, or *vice versâ*. A few deviations from *this* effectually destroy *that confidence* necessary between partners, and introduce a confusion and consequences that cannot be too carefully avoided or too strenuously deprecated.

22. If the circumstances of your hand require *two certain* leads in trumps, play off your *ace*, let your other trumps be what they may.

23. It is a general maxim not to force your partner, unless strong in trumps yourself. There are, however, many exceptions to this rule, as:

1st. If your partner has led from a single card;

2d. If it saves or wins a particular point;

3d. If great strength in trumps is declared against you;

de jouer vous convaincra de la valeur de cette règle, qui vous prescrit de ne jamais jouer hardiment avec un jeu faible, *et vice versâ*. Pour peu que vous vous écartiez de cette règle, vous paralysez la confiance si nécessaire entre deux partenaires; il en résulte une confusion et des conséquences qui ne sauraient être trop soigneusement évitées.

22. Si votre jeu exige absolument deux coups d'atouts, jouez votre as, quels que soient vos autres atouts.

23. Ayez pour règle générale de ne pas forcer votre partenaire, à moins que vous ne soyez vous-même fort en atouts. Il y a cependant quelques exceptions à cette règle :

1°. Si votre partenaire a invité d'une seule carte ou *singleton*;

2°. Si cela sauve ou gagne un seul point essentiel de la marque;

3°. S'il se déclare contre vous une force majeure d'atouts;

4th. If you have a probability of a *saw*;

5th. If your partner has been forced and did not trump out;

6th. It is often right in playing for an odd trick.

24. It is difficult to judge *when* to lead trumps. The following situations will assist the beginner to *reason*, and in general direct him *properly*:

1st. With *six* trumps, on supposition your partner has a strong suit;

2d. If strong in other suits, though weak in trumps yourself;

3d. If your adversaries are playing from *weak* suits;

4th. If your adversaries are at the point of eight, and *you* have no honour, or probability of making a trump by a ruff.

25. It is easy soon to discover the different strengths of *good* players, but more difficult with *bad* ones. When your adversary refuses to trump, and throws away a small card, you conclude his hand consists of a *strong* suit in *trumps*, with one *strong* and another

4°. Si vous avez la probabilité d'une *navette;*

5°. Si votre partenaire a été forcé et s'il n'a pas joué d'atout;

6°. Il est souvent à propos de forcer en jouant pour gagner l'*odd trick* ou septième levée.

24. Il est difficile de décider à quel moment il faut jouer atout. Les situations suivantes vous aideront à raisonner, et en général à vous diriger *convenablement:*

1°. Avec six atouts, en supposant que votre partenaire aît une couleur forte quelle qu'elle soit;

2°. Si vous êtes fort vous-même dans les autres couleurs, quoique vous soyez faible en atout;

3°. Si les couleurs que jouent vos adversaires sont faibles;

4°. Si vos adversaires ont marqué huit points, et que vous n'ayez aucun honneur, ni la probabilité de faire un atout en coupant.

25. Il est facile de deviner la force du jeu des bons joueurs; mais il n'en est pas de même de celui des joueurs inhabiles. Quand votre adversaire refuse de couper, et qu'il jette une petite carte, vous devez conclure que son jeu consiste en beaucoup d'atouts, en une couleur forte et

weaker suit. If he throws an honour, you *know* he has *two* suits only, *one* of which is trumps. In the latter case win tricks when you can. Avoid leading trumps, or to his suit; force *him*, and give your partner an opportunity to trump if possible. This maxim cannot be too maturely considered, as this is a fault which is constantly committed by bad players, and is amongst those most fatal in their consequences. The moment an adversary refuses to ruff, though a winning card, *they*, in violation of common sense, trump out, and not unfrequently give away five or six tricks, which a judicious force would have prevented.

26. If you are strong in trumps, and have the ace, king, and two more of your right-hand adversary's lead, there are two ways to play: either to pass it the first time, or else to put on the ace, and play the suit on to force your partner. If weak in trumps, put on the ace, but do not continue the suit.

27. If you win your partner's lead with

une autre plus faible. S'il jette un honneur, cela vous indique qu'il n'a que deux couleurs, dont l'une est d'atout. Dans le dernier cas, faites des levées quand vous le pourrez. Ne faites pas d'invite en atout, évitez de jouer dans sa couleur, forcez-le, et donnez à votre partenaire l'occasion de faire ses atouts, s'il est possible. On ne saurait trop mûrement se pénétrer de cette règle, contre laquelle pèchent constamment les joueurs sans expérience; c'est une faute qui a pour leur jeu les conséquences les plus fâcheuses. Lorsqu'un adversaire refuse de couper une carte, bien que ce soit une carte gagnante, les joueurs inhabiles croient devoir jouer atout; ils le font maladroitement, et abandonnent souvent cinq ou six levées, ce qu'ils auraient évité s'ils avaient su forcer avec discernement.

26. Si vous avez beaucoup d'atouts et que vous ayez l'as, le roi et deux de plus de la couleur de l'invite de votre adversaire de droite, il y a deux manières de jouer : c'est de ne pas gagner la levée la première fois, ou de mettre l'as, et de jouer la même couleur, pour forcer votre partenaire à couper. Si vous êtes faible en atouts, jouez l'as, mais ne continuez pas la couleur.

27. Si vous gagnez l'invite de votre partenaire

the queen, unless in trumps, do not return it; it is evident the ace or king lies behind him, and you give the tenace to the adversary.

28. To lead from only three cards, unless in sequence, is bad play, and only proper when you have reason to think it is your partner's suit; in which case, play off the highest, though the king or queen.

N. B. This is contrary to the general practice, but undoubtedly right.

29. The first object should be to save the game, if it appears in probable danger; the next to *win* it, if you have a reasonable hope of success, by any mode of play, though hazardous. If neither of these is the question, you should play to the *points* or score of the game. In other words, you should not give up the *certainty* of the *odd trick*, or scoring *five* or *eight*, for the equal chance of *two*, *six*, or *nine*; whereas you should risk an

avec la dame, à moins que ce ne soit en atouts, jouez quelque autre couleur; car il est évident que l'as ou le roi de son invite sont à sa gauche, et qu'en jouant dans sa couleur vous céderiez la tenace à votre adversaire.

28. C'est mal jouer que d'inviter avec une couleur dont vous n'avez que trois cartes, à moins que ce ne soit d'une séquence; vous ne devez le faire que lorsque vous avez lieu de croire que c'est la plus forte couleur de votre partenaire; dans ce cas, jouez la plus haute, quand même ce serait le roi ou la dame.

N. B. Ce principe est contraire aux règles généralement en usage, mais il n'en est pas moins bien fondé.

29. Le premier objet doit être de sauver la partie s'il y a apparence de danger; le second, de la gagner si vous avez un espoir raisonnable de succès, et de quelque manière que ce soit, même hasardeuse. Si l'on n'a ni l'un ni l'autre de ces objets en vue, il faut jouer en observant la marque du jeu; c'est-à-dire que vous ne laisserez pas échapper l'occasion sûre de faire l'*odd trick* (la septième levée), ou de marquer cinq ou huit pour la chance égale de deux, six ou neuf. Il faut même risquer une *finesse*, ce que faisant avec

equal finesse that will prevent your adversaries from these scores by its success.

30. It is generally right to return your partner's lead in trumps, unless he leads an *equivocal* card, such as a nine or ten. These are called *equivocal*, because they are led with propriety, both from strong and weak suits. With a quart or a king—or nine, ten, knave, and king of a suit, you lead *nine*, as you do when it is the best of two or three of a suit.

31. With only four trumps, do not lead one unless your strong suit is established, except that with a tierce-major and another trump, and a sequence to the king of three more, it is good play to lead trumps twice, and then the knave of your suit, and continue till the ace is out.

32. If you remain with the best trump, and *one* of your adversaries has three or more, do not play out, as it may stop the suit of your other adversary. If they *both* have trumps and your partner *none*, it is right to take out two for one.

succès, vous empêcherez vos adversaires de marquer les points dont nous venons de parler.

30. Il est généralement convenable de répondre à l'invite en atout de votre partenaire, à moins qu'il ne joue une carte équivoque, comme un neuf ou un dix : on appelle ces cartes *équivoques*, parce qu'on peut les jouer également avec des couleurs ou fortes ou faibles. Avec une quatrième au roi, ou neuf, dix, valet et roi d'une couleur, vous pouvez jouer le neuf, comme vous le faites, lorsque c'est la meilleure de deux ou trois d'une couleur.

31. Avec quatre atouts seuls n'en jouez aucun, à moins que votre plus forte couleur ne soit bien assurée. Mais avec une tierce majeure en atout, un autre atout, et une séquence au roi de trois autres cartes, pour bien jouer il faut faire deux fois atout, ensuite jouer le valet de votre autre couleur et continuer jusqu'à ce que l'as tombe.

32. Si le maître atout vous reste, et que l'un de vos adversaires en ait trois ou plus, ne le jouez pas, parce qu'il peut servir à arrêter la série de votre autre adversaire. Si tous deux ont des atouts, et que votre partenaire n'en ait pas, il est bien de jouer atout pour en faire tomber deux pour un.

33. If strong in trumps, with the commanding card of the adversaries' suit, and small ones, force your partner, if he has none of that suit, with the small ones, and keep the commanding card till the last.

34. If your partner leads the ace and queen of a suit, of which you have the king and two others, win his queen that you may not stop his suit.

35. If your right-hand adversary wins, and returns his partner's lead, should you have the best and a small one, play the latter. If your partner has the third best, he will probably make it. If your adversary is a bad player, I would not advise this, as they *never* finesse when they *ought* to do it.

☞ If weak in trumps, you should not venture this in other suits.

36. If your right-hand adversary calls, and your *partner* leads *through him*; with *ace* or *king*, the *nine* and a small one, you should finesse the nine.

33. Si vous êtes fort en atouts, et que vous ayez la carte supérieure de la couleur de votre adversaire et quelques autres petites cartes, forcez avec celles-ci votre partenaire, s'il n'en a aucune de cette couleur, et conservez la carte supérieure jusqu'à la fin.

34. Si votre partenaire joue l'as et la dame d'une couleur, dont vous avez le roi et deux autres cartes, prenez sa dame afin de ne pas arrêter sa série.

35. Si votre adversaire de droite gagne la levée, et qu'il revienne dans le jeu de son partenaire, il est de votre intérêt, si vous avez la meilleure carte et une basse, de donner la dernière. Si votre partenaire a la troisième des principales cartes, probablement il gagnera la levée; mais dans le cas où votre adversaire serait un joueur inhabile, je ne vous conseille pas d'agir ainsi, parce que les joueurs sans expérience emploient rarement la finesse à propos.

☞ Si vous êtes faible en atouts, ne vous hasardez point de cette manière dans les autres couleurs.

36. Si votre adversaire de droite appelle, et que votre partenaire joue atout, vous devez avec l'as ou le roi, le neuf et une basse carte, faire l'*impasse* ou *finesse* du neuf.

37. If your partner calls before his turn, he means you should play a trump. Take every opportunity to show your partner that you can command the trumps. In this case he will keep his own strong suit entire: whereas, if the strength of trumps is with the adversaries, his play would be to keep guard on their suits, and throw away from his own.

38. With ace, knave, and another trump, it is right to finesse the knave to your partner's lead; and if strong in *them,* you should do the same in any suit. If he leads the ten of any suit, you pass it invariably with the ace and knave; unless one trick saves or wins any particular point.

39. It is better to lead from ace nine, than ace ten, as you are more likely to have a tenace in the latter suit, if led by your adversary.

40. If your partner, to *your* winning card, throws away the *best card* of any suit, it shows he wishes you to know he commands

37. Si votre partenaire appelle avant son tour, il vous indique à jouer atout. Saisissez toutes les occasions possibles de faire connaître à votre partenaire que vous avez la supériorité en atouts : dans ce cas il conservera en entier sa forte couleur ; si, au contraire, la force des atouts est du côté des adversaires, son jeu doit être de se réserver une garde dans leur couleur, et de se défaire d'une carte inutile.

38. Avec l'as, le valet et un autre atout, il est bon de finasser le valet sur l'invite de votre partenaire ; et si vous êtes fort en atouts, vous ferez bien d'agir de même. Dans toute autre couleur, s'il joue le dix, laissez-le toujours passer avec l'as et le valet, à moins qu'une levée ne sauve ou gagne quelque point essentiel.

39. Il vaut mieux inviter d'une couleur dont on a l'as et le neuf, que d'inviter de l'as et du dix, parce qu'il y a plus de probabilité que vous aurez la tenace dans cette dernière couleur, si elle est jouée par votre adversaire.

40. Si votre partenaire jette la meilleure carte d'une couleur sur votre carte gagnante, son but est de vous faire connaître qu'il est maître dans cette couleur ; s'il ne jette qu'une seconde carte

it; if the *second best,* it is to tell you he has no more of that suit.

41. If very strong in trumps, it is always right to inform your partner of it as soon as possible. If fourth player you are to win a small trump, and if you have a sequence of three or more, win it with the highest, and play the lowest afterwards.

42. If strong in trumps, do not ruff the second best of any suit your partner leads, but throw away a losing card, unless you have an established *saw*.

43. If ten cards are played out, and there remains one entire suit, and your partner lead, if you have a king, ten, and another, and six tricks, you have a certainty to make the odd one, *if you play right,* let the cards lie how they will. Should your right-hand adversary put on an honour, you must *win* it; if not, put on the ten; with *five* tricks, put on the king.

44. Many good players, in playing tierce-majors, begin with the king and queen. This is often productive of mischief; as, when

supérieure, c'est pour vous montrer qu'il n'en a plus de cette couleur.

41. Si vous êtes très fort en atouts, il est toujours utile d'en informer votre partenaire aussitôt que possible. Si, étant quatrième à jouer, vous pouvez prendre un petit atout, vous devez, avec une séquence de trois ou plus, faire la levée avec la plus haute, et jouer ensuite la plus faible.

42. Si vous êtes fort en atouts, ne coupez pas la seconde meilleure carte d'une couleur que joue votre partenaire; mais jetez une carte insignifiante, à moins que vous n'ayez une *navette* bien établie.

43. Si dix cartes sont jouées, qu'il reste une couleur entière, et que votre partenaire fasse l'invite, dans le cas où vous auriez un roi, un dix, un autre et six *tricks*, il y a pour vous certitude, si vous jouez bien, de gagner la septième levée, quelles que soient les dispositions des cartes mises sur table. Si votre adversaire de droite joue un honneur, vous devez le gagner, sinon jouez le dix. Avec cinq *tricks*, jouez le roi.

44. Beaucoup de bons joueurs, en jouant des tierces majeures, commencent par le roi et la dame : cette manière est souvent préjudiciable,

played at other times from king and queen only, the ace is kept up, and while each thinks his partner has it and has played accordingly, it unexpectedly appears from the adversary, and disappoints their whole plan.

45. If the fourth player wins his adversary's lead, it is better to return it than open a new suit, unless strong enough in it to support his partner.

46. With ace, knave, and another, do not win the king led by your left-hand adversary. You either force him to exchange his lead, or give you tenace in his own suit.

47. With ace, queen, etc., of a suit, of which your right-hand adversary leads the knave, put on the ace invariably. No good player with king, knave, and ten, will begin with the knave; of course it is finessing against yourself, to put on the queen, and as the king is certainly behind you, you give away at least the lead, without any possible advantage.

car, dans le cas où l'on joue du roi et de la dame seulement, il arrive quelquefois que l'as reste en réserve : chacun le croit dans la main de son partenaire, et l'on joue en conséquence ; alors cette carte venant tout à coup à tomber des mains de l'adversaire, dérange tout-à-fait le plan des joueurs.

45. Si le quatrième joueur emporte l'invite de l'adversaire, il vaut souvent mieux rendre la même couleur que d'en ouvrir une nouvelle, à moins qu'on ne soit assez fort pour y soutenir son partenaire.

46. Avec l'as, le valet et une carte de même couleur, ne prenez point le roi joué par votre adversaire de gauche, car, ou vous l'obligez de changer sa couleur, ou bien de vous y donner la tenace.

47. Avec l'as, la dame, etc., d'une couleur dont votre adversaire de droite joue le valet, mettez toujours l'as. Aucun bon joueur, ayant roi, valet et dix, ne commencera par le valet ; c'est donc finasser contre vous-même que de mettre la dame ; et comme le roi est très certainement derrière vous, vous abandonnez au moins la primauté sans aucun avantage possible.

48. With only three of a suit, put an honour on an honour; with four or more, you should not do it—except the *ace* should not be put on the *knave*.

49. With king and *one more*, good players sometimes put it on a second, sometimes not: if turned up, it should invariably be put on, and generally in trumps. But queen or knave should never be played, unless a superior honour is turned up on the right.

50. In playing for an odd trick, you play a closer game than at other scores. You lead from single cards and force your partner, when at another time you would not be justified. It is seldom in this case proper to lead trumps; and few finesses are justifiable. It is a nice part of the game, and experience, with attention, will alone teach it with effect.

51. If the trumps remain divided between you and your partner, and you have no winning card yourself, it is good play to lead a

48. Avec trois cartes seules d'une couleur, mettez un honneur sur un honneur; avec quatre cartes ou plus, abstenez-vous de le faire, à moins que l'as ne soit mis sur le valet.

49. Avec le roi et une carte de plus, les bons joueurs le mettent quelquefois étant seconds, et quelquefois ne le font pas; si le roi est la carte retournée, il doit toujours être joué en second, et généralement quand il est atout. Mais on ne doit jamais jouer la dame ni le valet à moins qu'un honneur supérieur ne se trouve retourné sur la droite.

50. En ne jouant que pour la septième levée (*odd trick*), vous devez jouer plus serré que quand vous n'aviez que peu de points. Vous invitez par des *singletons*, et vous forcez votre partenaire, ce que vous ne devrez pas faire dans d'autres circonstances. Il est rarement à propos dans ce cas de jouer des atouts, et même bien peu de finesses sont permises. C'est une des positions les plus intéressantes du jeu; l'expérience et l'attention peuvent seules les enseigner avec succès.

51. Si les atouts se trouvent partagés entre vous et votre partenaire, et que vous n'ayez vous-même aucune carte maîtresse, il est à propos de jouer

small trump, to put in his hand to play off any that he may have, to give you an opportunity to throw away your losing cards.

A remains with two or more trumps, and two losing cards; his partner with a better trump, and two winning cards. It is evident, if he plays off a losing card, he will take merely his own trumps, but if he plays an inferior trump, and puts it into his partner's lead, he will play off his winning cards, and give *A* an opportunity to throw away his losing ones.

N. B. This continually occurs, and it is necessary to be comprehended.

52. When your partner leads, win with the lowest of a sequence, to demonstrate your strength in *his* suit; but it is often right to win your *adversary's* lead with the highest, to keep him in ignorance.

53. When your partner plays a thirteenth card, and most of the trumps are unplayed, he generally means you should put a high trump to strengthen his own hand.

un petit atout, afin que votre partenaire, en le prenant, ait l'occasion de faire les siennes, et de vous offrir la chance de jeter vos cartes perdantes.

A reste avec deux ou plusieurs atouts et deux cartes perdantes ; son partenaire a un meilleur atout et deux cartes gagnantes. Il est évident que si *A* joue une autre carte perdante, il ne fera que ses propres atouts ; mais s'il joue un atout inférieur, et qu'il entre ainsi dans le jeu de son partenaire, celui-ci jouera ses cartes gagnantes, et donnera à *A* l'occasion de se défaire de ses cartes perdantes.

N. B. Ceci se présente continuellement, et il est essentiel de le bien comprendre.

52. Lorsque votre partenaire invite, gagnez avec la plus basse carte d'une séquence, pour lui démontrer votre force dans *sa* couleur ; mais il est souvent à propos de prendre, avec la plus haute, l'invite de votre adversaire, afin que celui-ci ignore l'état de votre main.

53. Lorsque votre partenaire joue une treizième carte, la plupart des atouts n'étant pas joués, son but en général est de vous indiquer de couper avec un fort atout, afin de renforcer son jeu.

54. When you have but a moderate hand yourself, sacrifice it to your partner; he, if he be a good player, will act in the same manner.

55. With *three*, return the *highest*; with *four*, the *lowest* of your partner's lead. This answers two purposes, by giving your partner an opportunity to finesse, and showing him you have but three at most in his suit.

56. With the ace, queen, and others of your right-hand adversary's lead, put on a small one, except he leads a knave, in which case put on the ace.

57. When at eight, with two honours, look at your adversary's score, and consider if there is a probability they should save their lurch, or win the game, notwithstanding your partner holds a third honour; if not, you should not call, as it gives a decided advantage against you in playing for tricks.

58. Finessing in general is only meant against one card. There are, however, situa-

54. Lorsque vous n'avez vous-même qu'un jeu médiocre, faites-en le sacrifice en faveur de votre partenaire ; s'il est bon joueur, il vous imitera en pareille circonstance.

55. Avec *trois* cartes de l'invite de votre partenaire, rendez-lui la *plus haute*; avec *quatre*, la *plus basse*. Cette maxime a le double avantage de donner d'abord à votre partenaire l'occasion d'employer la finesse, et en même temps de lui faire connaître que vous n'avez que trois cartes dans sa couleur.

56. Avec l'as, la dame et d'autres cartes de l'invite de votre adversaire de droite, mettez une petite carte; mais dans le cas où il jouerait le valet, il faut que vous mettiez l'as.

57. Étant à huit points, et tenant deux honneurs, regardez la marque de vos adversaires, et réfléchissez bien s'il y a quelque probabilité qu'ils fassent assez de points pour sauver la perte double, ou gagner la partie, quoique votre partenaire possède un troisième honneur; dans le cas contraire n'appelez pas, parce que cela donne un avantage réel contre vous lorsque vous jouez pour faire des levées.

58. On n'emploie la finesse, en général, que contre une seule carte. Il y a pourtant des posi-

tions when much deeper are required : but theory alone can never enable the beginner to discover these. — Supposing it necessary you should make two out of the last three cards in a suit not yet played, your partner leads the nine, you have ace, ten, and a small one—*Query,* what are you to do?—*Answer,* pass it, though the finesse is against *three*; for if your partner *has* an honour in the suit, you make two tricks; if not, it is impossible by any mode of play whatever.

59. With king, queen, etc., of your right-hand adversary's lead, put on one of them; with queen, knave, and another, the knave; with two or more small ones, the lowest.

60. The more critically you recollect the cards the better; at least you should remember the *trumps* and the *commanding card* of each suit. It is possible to assist the memory by the mode of placing the cards remaining in your hand—viz. Place the trumps in the

tions où il faut finasser avec plus de discernement; mais la théorie seule ne peut jamais donner au commençant les moyens de découvrir ces mêmes positions. Supposez donc qu'il soit nécessaire que vous fassiez deux des trois dernières levées dans une couleur non encore jouée, que votre partenaire joue le neuf, et que vous ayez l'as, le dix et une basse carte; que devez-vous faire? vous devez le laisser passer, quoique la finesse soit contre trois; car si votre partenaire a une carte supérieure dans la couleur, vous ferez deux levées; mais s'il n'en a pas, il vous sera impossible d'en faire, de quelque manière que vous jouiez.

59. Avec le roi, la dame, etc., de l'invite de votre adversaire de droite, mettez une de ces deux cartes; avec la dame, le valet et une autre, mettez le valet; avec deux petites cartes, ou davantage, mettez la plus basse.

60. Pour bien jouer, il faut se rappeler, le plus exactement possible, toutes les cartes, surtout les atouts et la carte roi de chaque couleur. On peut aider à la mémoire par la manière de placer les cartes qui restent dans la main, savoir : les atouts à gauche, ensuite l'invite de votre partenaire, puis la couleur de votre adversaire, et en dernier

back part of your hand, your partner's lead the next, your adversary's next, and your own on the outside. It is also right to put thirteenth cards in some known situation.

61. It is highly necessary to be correct in leads. — When a good player plays an eight and then a seven, I know he leads from a weak suit; the contrary, when he plays the seven first; the same even with a tray or a deuce. This is what bad players always err in, as they never can see the difference.

62. If left with the last trumps, and some winning cards, with one losing one, play this first, as your adversary on the left may finesse, and the second best in your partner's hand make the trick, which could not be kept till the last.

63. Should your partner refuse to trump a certain winning card, try to get the lead as soon as you can, and play out trumps immediately.

64. Good players never lead a nine or ten, but for one of these reasons:

lieu votre propre couleur. Il est utile aussi de placer les treizièmes dans une situation qui vous les rappelle.

61. Il est bien essentiel de faire vos invites avec soin. Lorsqu'un bon joueur jette un huit, puis un sept, je vois par-là qu'il invite d'une couleur faible ; et le contraire, lorsqu'il joue le sept en premier, et de même avec un trois ou un deux. C'est toujours en cela que les joueurs inexpérimentés se blousent, parce qu'ils n'en saisissent pas la différence.

62. Si, avec les derniers atouts, il vous reste quelques cartes gagnantes et une perdante, jouez celle-ci la première, parce que votre adversaire de gauche peut employer la finesse, et qu'alors la seconde meilleure carte du jeu de votre partenaire peut faire la levée, ce qui n'aurait pas lieu si vous gardiez votre carte perdante jusqu'à la fin.

63. Si votre partenaire refuse de couper une carte gagnante assurée, tâchez d'obtenir la main aussitôt que possible, et jouez atout immédiatement.

64. Les joueurs habiles n'invitent jamais d'un neuf ou d'un dix, si ce n'est pour une des raisons suivantes :

1st. From a sequence up to the king;

2d. From nine, ten, knave, and king;

3d. When the best of a weak suit not exceeding three in number.

If you have either *knave* or *king* in your *own* hand, you are certain it is for the latter reason, and that the whole strength of the suit is with your adversary, and play your game accordingly.

65. If your partner leads the *nine* or *ten*, and you have an honour, with only one more, put it on; if with two or more, do not; with the ace and small ones, win it invariably: for it is better that *he* should finesse in his own suit, than *you*.

66. Unless you have a strong suit yourself, or reason to suppose your partner has one, do not trump out unless you have six trumps.

67. There are situations where even good players differ. If a queen is laid on your right-hand, and you have ace or king and two small ones, you should *certainly* win it; but having

1°. A moins qu'il ne soit d'une séquence au roi ;

2°. Ou du neuf, dix, valet et roi ;

3°. Quand c'est la meilleure carte d'une couleur faible qui n'excède pas le nombre trois.

Si vous avez le valet ou le roi dans votre propre main, il est certain que c'est pour la dernière de ces raisons, et que toute la force de la couleur est entre les mains de votre adversaire : jouez donc en conséquence.

65. Si votre partenaire joue le neuf ou le dix, et que vous ayez un honneur avec une seule autre carte, jouez-le ; si vous avez deux ou plusieurs cartes, ne le faites pas : avec l'as et de petites cartes, vous devez prendre, car il vaut mieux que votre partenaire fasse une finesse dans sa propre couleur, que de la faire vous-même.

66. A moins d'avoir vous-même une forte couleur, ou que vous n'ayez raison de la supposer à votre partenaire, ne jouez pas atout si vous n'en avez pas six.

67. Il y a des situations où les joueurs habiles, eux-mêmes, diffèrent d'avis. Si une dame est jouée à votre droite, et que vous ayez as ou roi et deux petites cartes, vous ne devez pas manquer

king or ace, ten, and a small one, *I* invariably pass it, and for the following reasons — by passing it, if your partner has the ace or king, you clearly lie tenace, and the leader cannot possibly make a trick in the suit, which he must have done, had you *even* the first trick, as he would lay tenace over *your* partner. If your partner has the *knave,* you lose a trick; but the odds are greatly against this.

68. It is seldom right to lead from a suit in which you have a tenace. With ace, queen, etc., of one suit — king, knave, etc., of a second — and the third a weak one—the best play is to lead from the latter.

69. When it is evident the winning cards are betwixt *you* and your adversaries, play an obscure game; but as clear a one as possible, if your *partner* has a good hand.

70. It is equally advantageous to lead *up to* as *through* an *ace;* not so much so to a *king;* and disadvantageous to the *queen turned up*.

de prendre ; mais ayant le roi ou l'as, le dix et une petite carte, il faut la laisser passer pour la raison suivante : ne la prenant pas, si votre partenaire a l'as ou le roi, vous restez tenace; et vous empêchez celui qui invite de faire une levée dans la couleur ; ce qu'il aurait fait quand bien même vous eussiez eu la première levée, puisqu'il serait resté tenace dans la couleur de votre partenaire. Si celui-ci a le valet, vous perdez une levée ; mais les chances sont tout-à-fait contre cette supposition.

68. Il est rarement convenable de jouer d'une couleur dans laquelle vous avez une tenace. Avec l'as, la dame, etc., d'une couleur, le roi, le valet, etc., d'une seconde et une troisième faible, la meilleure manière de jouer est d'inviter de la troisième faible.

69. Quand il est évident que la force du jeu ou que les meilleures cartes sont partagées entre vous et vos adversaires, jouez un jeu caché ; mais rendez votre jeu aussi clair que possible si votre partenaire a beau jeu.

70. Il est aussi avantageux de jouer contre l'as à droite, que contre l'as à gauche ; il n'en est pas tout-à-fait de même à l'égard du roi.

71. Avoid at first playing with those who instruct, or rather find fault, while the hand is playing. They are generally unqualified by ignorance, and judge from consequences; but if not, advice while playing does more harm than good, by confusing a beginner.

72. It is seldom right to refuse to ruff when your partner, if a *good player,* visibly intends you should do it. If a *bad one,* your *own* hand should direct you.

73. If you have ace, king, and two more trumps, and your partner leads them originally, insure three rounds in trumps; but if he leads (in consequence of your showing your strength) a nine, or any equivocal card, in that case, pass it the first time; by which you have the lead after three rounds of trumps, a most material advantage.

74. There is often judgment required in taking the penalties of a revoke. Before the

Jouer contre la dame retournée à droite serait jouer à perte.

71. Évitez, dans les commencemens, de jouer avec les personnes qui ont l'habitude de donner des leçons pendant la partie. Elles sont ordinairement incapables, et ne jugent que d'après les conséquences; et quand même elles ne seraient point ignorantes, les conseils donnés pendant la partie font plus de mal que de bien, parce qu'ils embarrassent le commençant.

72. Il est rarement à propos de refuser de couper, lorsque votre partenaire, s'il est bon joueur, vous laisse voir l'intention de vous y obliger; si c'est un joueur inhabile, votre propre jeu doit vous guider.

73. Si vous avez l'as, le roi et deux atouts de plus, et que votre partenaire fasse ses invites en atouts en commençant, assurez trois tours d'atouts; mais s'il joue (d'après la force que vous avez manifestée) un neuf ou quelque carte équivoque, dans ce cas, laissez passer cette couleur la première fois. Par ce moyen vous aurez la main après trois levées d'atouts, ce qui est un avantage immense.

74. Il faut toujours beaucoup de discernement pour appliquer l'amende d'une renonce. Avant

score is advanced, if the party revoking has won nine tricks, the least consideration will show, that the adversaries should take three of them, for if they add three to their own score, they still leave the odd trick to the former; but if the revoking party be at *eight,* it is better for the adversary to score three points, as the odd trick leaves the former at *nine,* which is in every respect a worse point than eight. On other occasions, it is only to calculate how the different scores will remain after each mode of taking the penalty; and it will be obvious which will be the most advantageous — never losing sight of the points of the game, *i. e.* scoring eight or five yourself, or prevent your adversary from doing so.

75. With ace, queen, and ten, of your right-hand adversary's lead, put out the ten.

76. When your left-hand adversary refuses to trump a *winning card,* for fear of being over-trumped by *your* partner, and throws away a losing card, if you have the commanding card of the suit he discards, play it before you continue the former.

que la marque soit avancée, si la partie qui renonce a fait neuf levées, la moindre attention démontrera qu'il faut en retrancher trois ; car si les adversaires ajoutaient trois points à leur propre marque, ils ne manqueraient pas de laisser encore la septième levée ou *odd trick* au renonçant. Mais si la partie qui renonce est à huit, il vaut mieux que les adversaires marquent trois points, parce que la levée laisse le premier à neuf, ce qui est, sous tous les rapports, un plus mauvais point que huit. Dans d'autres occasions, il n'y a qu'à calculer à quel point resteront les différentes marques, après chaque mode de prélever l'amende ; le résultat vous indiquera le plus avantageux, ne perdant jamais de vue en même temps les points essentiels du jeu, c'est-à-dire de marquer vous-même huit ou cinq, ou d'empêcher votre adversaire de le faire.

75. Avec l'as, la dame et le dix de l'invite de votre adversaire de droite, jouez le dix.

76. Lorsque votre adversaire de gauche refuse de couper une carte gagnante dans la crainte d'être surcoupé par votre partenaire, et qu'il jette une carte perdante, si vous avez la carte roi de la couleur qu'il rejette, jouez-la avant de continuer la première couleur que l'on a coupée.

77. When all the trumps are out, if you have the commanding card of your adversary's suit, you may play your own as if you had the thirteenth trump in your own hand.

78. If *A*, your right-hand adversary, leads a card, and *his* partner *B*, putting on the knave or queen, *your's* wins with the king—should *A* lead a small card of that suit again, if you have the *ten*, put it on. It is probable, by doing this, you keep the commanding card in your partner's hand, and prevent the second best from making.

79. If weak in trumps, keep guard on your adversaries' suits. If *strong*, throw away from them, and discard as much as possible from your partner's strong suits, in either case.

80. Should your left-hand adversary lead the king, to have the finesse of the knave, and it comes to your lead, if you have queen and one more, it is evident the finesse will succeed. In this case, play the *small one* through *him*, which frequently will prevent

77. Lorsque tous les atouts sont sortis, si vous avez la carte roi de la couleur de votre adversaire, vous pouvez jouer votre propre couleur comme si vous aviez dans la main le treizième atout.

78. Si *A*, votre adversaire de droite, joue une carte, sur laquelle son partenaire *B* jette le valet ou la dame, et que le vôtre gagne avec le roi, dans le cas où *A* joue encore une basse carte de cette même couleur, il sera à propos que vous mettiez le dix si vous l'avez. Il est probable qu'en agissant de cette manière vous conserverez la carte roi dans la main de votre partenaire, et que vous empêcherez l'adversaire de faire la seconde meilleure carte.

79. Si vous avez peu d'atouts, conservez une garde dans la couleur de vos adversaires. Si vous êtes fort en atouts, défaites-vous-en, et autant que possible, dans les deux cas, défaites-vous des couleurs qui dominent dans le jeu de votre partenaire.

80. Si votre adversaire de gauche joue le roi pour se ménager la finesse du valet, et que la main vous vienne, dans le cas où vous n'auriez que la dame et une carte de plus dans cette couleur, il est évident que la finesse réussira. Dans cette circonstance jouez la basse carte, ce qui

him from making the finesse, though he has originally played for it.

81. If your partner shows a weak game, force him, whether or not you are otherwise entitled to do it.

82. When you are at the score of four or nine, and your adversaries, though *eight,* do not call, if *you* have no honour, it is evident your partner has two at least. It is equally so, if you have *one,* that he has at least another. If both parties are at eight, and neither calls, each must have one.

A little reflection will enable the beginner to make a proper advantage of these data.

83. When your partner leads a card, of which you have the best and *third,* and your right-hand adversary puts on the fourth, the second only remaining — it is a commonly-received, but erroneous opinion, that the chance of succeeding in the finesse is *equal;* but here calculation will show, that as the last player has one card more than his partner, it is that *proportion* in favour of his having it. With *three* cards, it will be three to two against making the finesse.

l'empêchera souvent de faire la finesse, bien que ce fût dès l'origine le but de son jeu.

81. Si votre partenaire annonce avoir un jeu faible, forcez-le, que vous soyez ou non autorisé à le faire.

82. Lorsque vous êtes au point de quatre ou de neuf, et que vos adversaires, quoiqu'à huit, n'appellent pas, si vous n'avez pas d'honneur, il est évident que votre partenaire en a deux au moins, il est également évident que si vous en avez un, il en a au moins un autre. Quand les deux parties sont à huit, et que ni l'une ni l'autre n'appelle, chacune doit avoir un honneur.

La moindre réflexion mettra le commençant à même de tirer avantage de ces inductions.

83. Lorsque votre partenaire joue une carte d'une couleur dont vous avez la meilleure et la troisième, et que votre adversaire de droite met la quatrième, la seconde seule restant, l'opinion généralement reçue, quoiqu'erronée, est que la chance de réussite est égale à jouer la finesse; mais dans ce cas le calcul démontrera que, comme le dernier joueur a une carte de plus que son partenaire, il y a toute probabilité que celui-ci aura la finesse. Avec trois cartes, il y a trois à parier contre deux qu'on ne fera pas la finesse.

84. Moderate players have generally a decided aversion to part with the best trump, though single; thinking, that as they cannot lose it, and it can make but one trick, it is immaterial when it does so : this is a dangerous fault. — When your adversary plays out his strong suit, ruff it immediately, before you give his partner an opportunity to throw off his losing cards. Do not, however, go into the contrary extreme, or trump with the best trump, with small ones in your hand, for fear of being over-trumped. — This is a nice part of the game, and can only be understood by practice and attentive reasoning.

85. It frequently happens that your partner has an opportunity to show his strong suit, by renouncing to a lead. If you have a single card in this, play it before you force him, let your strength in trumps be what it may; as it is the way to establish the *saw*, which is almost always advantageous; should the second player put on the ace to prevent it, still it is of great utility by establishing your partner's suit.

84. Les joueurs médiocres ont généralement une répugnance décidée à se défaire du meilleur atout, quoiqu'unique dans leur jeu ; ils pensent que, comme ils ne peuvent le perdre, et qu'il ne peut faire qu'une levée, peu importe quand se fera cette levée : c'est cependant une faute grave ; lorsque votre adversaire joue sa forte couleur, coupez-la de suite avant de donner à son partenaire l'occasion de jouer ses cartes perdantes. Ne donnez cependant pas dans l'excès contraire, ni ne coupez avec le meilleur atout ayant de petits atouts en main, dans la crainte d'être surcoupé. Ceci est un point fort intéressant du jeu, et, pour le bien comprendre, il faut une grande expérience du Whist et une attention persévérante.

85. Il arrive souvent que votre partenaire a l'occasion d'indiquer sa forte couleur, en renonçant à une invite. Si vous avez une carte unique en cette couleur, jouez-la avant de le forcer, quelle que soit votre force en atouts, puisque c'est le moyen d'établir la *navette*; ce qui est presque toujours avantageux quand même le second joueur mettrait son as, afin de l'en empêcher; c'est, dans ce cas même, d'une grande utilité pour établir la couleur de votre partenaire.

86. *A* has ace, knave, ten, and a small card of the suit led by his right-hand adversary. — *Query*, which is he to play? — *Answer.*—In trumps the *ten*; in other suits, the small ones. For this reason : in trumps, a good player, with king, queen, etc., leads the lowest; in other suits, the *king*: and in the latter case, of course an honour must be behind you; and be it in *either* hand, you can do no good by putting on the ten; by keeping the three together, you render it impossible for your adversary to make one trick in the suit.

87. It often happens that with only three cards remaining in his hand, the leader has the worst trump, and ace, queen, or some tenace of another suit. In this case he should lead the trump, to put it into his adversary's hand to play. By these means he preserves the tenace. This, though self-evident on proper consideration, is what none but good players ever think of.

88. Though it is certainly more regular to win your adversary's as well as partner's lead

86. *A* possède l'as, le valet, le dix et une petite carte de la couleur jouée par son adversaire de droite. Que doit-il jouer? le dix, si c'est un atout, et les petites cartes dans les autres couleurs. En voici la raison : en atouts, un bon joueur avec le roi, la dame, etc., joue la plus basse; dans les autres couleurs, le roi; et dans le dernier cas, un honneur doit tout naturellement se trouver entre les mains de la personne qui donne après vous, et, en quelque main qu'il soit, il ne peut vous être d'aucun avantage de jouer le dix; au lieu qu'en gardant les trois ensemble, vous mettez votre adversaire dans l'impossibilité de faire une levée dans la couleur.

87. Il arrive souvent que n'ayant plus que trois cartes dans la main, le joueur a le plus mauvais atout, avec l'as, la dame ou quelque tenace d'une autre couleur. Dans ce cas, il doit jouer l'atout pour donner la main à l'adversaire; par ce moyen il conserve la tenace. Quelque évident que ce soit, quand on y réfléchit, cela ne se présente guère qu'à l'esprit des bons joueurs.

88. Quoiqu'il soit certainement plus dans les règles de prendre sur l'invite de votre adversaire,

with the lowest of a sequence, still I recommend occasional deviations from that maxim. As it is of the greatest advantage to give your partner every information in *his*, or *your own*, so it is often necessary to deceive your adversaries in *their suits*. It will now and then deceive your partner also; but if done with judgment, it is, I think, oftener attended with good than bad effect.

There are also other situations, where it is highly necessary to deceive the adversary. *A*, last player, has a tierce-major and a small trump; a tierce-major with two others of a second suit; king, and a small one of a third; with queen or knave, and a small one of the fourth; of which his adversary leads the *ace*. It is so very material for *A* to get the lead, before he is forced, that he should without hesitation throw down the queen, as the most likely method to induce his adversary to change his lead. But this mode of play should be reserved for material occasions, and not by its frequency give cause for its being suspected.

et même de votre partenaire avec la plus basse carte d'une séquence, je vous recommande pourtant de vous écarter de ce principe selon l'occasion. Comme il est du plus grand avantage de donner à votre partenaire toute l'information possible de son jeu ou du vôtre, il est souvent non moins utile de tromper vos adversaires dans leurs couleurs. Votre partenaire s'y trouvera trompé aussi de temps en temps; mais si vous le faites avec discernement, il en résultera plus souvent, je crois, de bons effets que de mauvais.

Il y a d'autres positions où il est très nécessaire de tromper l'adversaire. *A*, dernier joueur, a une tierce-majeure et un petit atout; une tierce-majeure et deux autres cartes d'une seconde couleur; le roi et une petite carte d'une troisième; avec la dame ou le valet et une basse carte de la quatrième couleur, dont l'as est joué par son adversaire; il est si important pour *A* d'avoir la main avant d'être forcé, qu'il doit sans hésitation jeter la dame, comme le moyen le plus probable d'engager son adversaire à changer son invite. Mais on doit se réserver cette manière de jouer pour les occasions importantes, et ne pas en faire un trop fréquent usage, dans la crainte de laisser deviner son jeu.

89. Beginners find it difficult to distinguish between original and forced leads. When a player changes his original suit, he commonly leads his strongest card of another, to give his partner the advantage of a finesse. In this case you are to play this as if it was your *own* or *adversary's* lead. Keep the commanding card, tenace, etc., and do not return it, as if it was an original lead.

90. There is nothing more necessary to be explained to the beginner, than what is usually denominated *under-play*, as it is a constant engine in the hands of the *experienced*, to use successfully against the *inexperienced* player. In other words, it is to return the lowest of your left-hand adversary's lead, though you have the highest in your hand, with a view of your partner's making the third best, if he has it, and still retaining the commanding card in your hand.

91. To explain this farther, suppose *A*, fourth player, has ace and king of his left-hand adversary's lead; to under-play, he wins the trick with the ace, and returns the small

89. Les commençans trouvent de la difficulté à distinguer entre les invites de choix et les invites forcées. Lorsqu'un joueur change sa couleur primitive, il joue ordinairement sa plus forte carte d'une autre couleur, pour donner à son partenaire l'avantage d'une finesse. Dans ce cas vous devez jouer comme si c'était votre propre invite ou celle de votre adversaire. Gardez la carte roi, la tenace, etc., et ne la retournez pas comme si c'était une invite primitive.

90. Rien n'est plus utile à expliquer aux commençans qu'une impasse particulière, *ou manière de jouer en dessous*, dont se servent avec avantage les joueurs experts contre les joueurs sans expérience. En d'autres termes, c'est jouer à l'invite de votre adversaire de gauche la plus basse carte de la couleur, quoique vous ayez la plus haute dans la main, et cela dans le but de faire faire à votre partenaire la troisième carte maîtresse, s'il l'a, en retenant de plus la carte roi dans votre main.

91. Pour donner de l'article précédent une explication plus claire, supposez que *A*, quatrième joueur, possède l'as et le roi de l'invite de son adversaire de gauche; pour jouer *en dessous*,

one, which will generally succeed, if the leader has not the *second* and third in his own hand. You will see by this, if you *lead* from a *king*, etc., and your right-hand adversary, after winning with a ten or knave, return it, you have no chance to make your *king*, but by putting it on.

92. The following is another situation to under-play: *A* remains with the first, third, and fourth cards of a suit, of which he has reason to suppose his left-hand adversary has the *second guarded*; by playing the fourth, it is often passed, and *A* makes every trick in the suit.

N. B. This sort of play is always right in trumps; but if weak in *them*, it is generally the best play to make your certain tricks as fast as you can; for if you have not *your share of them*, somebody must have *more* than their *own*, and of consequence be weak in some other suit, which probably is your strong one.

93. Keep the trump card as long as you can, if *your* partner leads trumps; the con-

A fait la levée avec l'as, et rejoue une petite carte, ce qui réussit assez généralement si l'adversaire qui a invité n'a pas la seconde et la troisième dans son propre jeu. Vous verrez par-là, si vous invitez par une couleur dont vous possédiez le roi, etc., et que votre adversaire de droite, après avoir fait la levée avec un dix ou un valet, y revienne, que vous n'avez d'autre chance pour faire votre roi que de le jouer.

92. La position suivante offre un autre exemple de cette manière de jouer la basse au lieu de la meilleure carte. *A* reste avec la première, la troisième et la quatrième carte d'une couleur, dont il a raison de supposer que son adversaire de gauche a la seconde carte gardée; en jouant la quatrième, elle est souvent passée, et *A* fait toutes les levées dans la couleur.

N. B. Cette manière de jouer est toujours bonne en atouts; mais si vous en avez peu, il est généralement mieux de faire, aussitôt que possible, vos levées qui sont à peu près sûres : car si vous n'avez pas votre part d'atouts, quelqu'un doit en avoir plus que sa part, et conséquemment être faible en quelque autre couleur, qui probablement est celle dont vous avez le plus.

93. Conservez dans votre main la carte retournée aussi long-temps que vous le pourrez si votre

trary, if your adversary leads them. In the former instance, supposing the eight turned up, and you have the nine, throw away the latter; in the last (though you have the seven or six) play the card you turned up.

94. When *your* partner is to lead, and you call before he plays, it is to direct him, if he has no honour, to play off the best trump he has.

95. Though, according to the strict laws of Whist, all words and gestures are prohibited, yet, like all other laws not enforced by penalties, they are continually violated. There are, indeed, few players who do not discover, in some degree, the strength of their game, or their approbation or disapprobation of their partner's play, etc. As this is on one side often a material advantage to the party transgressing, so it is quite allowable for the adversaries to make use of it. Attentive and silent observation will frequently give an early insight into the game, and enable you to play your hand to more advantage than by adhering to more regular maxims.

partenaire joue les atouts ; et tout le contraire si c'est votre adversaire qui les joue. Dans le premier cas, supposant que le huit retourne, si vous avez le neuf, jetez-le ; dans le dernier cas, quoique vous ayez le sept ou le six, jetez la carte retournée.

94. Quand c'est à votre partenaire de jouer, si vous appelez avant qu'il joue, c'est pour lui indiquer, s'il n'a aucun honneur, de jouer son meilleur atout.

95. Quoique les strictes lois du jeu de Whist interdisent toutes paroles et gestes, cependant on les viole comme toutes les autres lois qui ne sont pas appuyées de pénalités ; il y a certainement très peu de joueurs qui ne fassent connaître, en quelque sorte, la force de leur jeu, ou qui ne laissent apercevoir leur approbation ou leur désapprobation de la manière de jouer de leur partenaire. Comme ceci d'ailleurs est souvent un avantage important pour la partie qui enfreint les lois du jeu, il est entièrement permis aux adversaires de le tourner à leur profit. D'un autre côté, une observation attentive et silencieuse vous initiera souvent à la connaissance de l'état du jeu, et vous mettra à même de jouer vos cartes avec plus d'avantage qu'en adhérant à des maximes plus régulières.

96. Though tenace, or the advantage of position, cannot be reduced to a *certainty*, as at *piquet*, and that it is often necessary to relinquish it for more certain advantages; still no man can be a Whist player who does not fully understand it. The principle is *simple*, but the combinations are *various*. It is easily conceived, that if *A* has ace, queen, and a small card of a suit, of which *B* has king, knave, and another; if *A* leads the small card, he remains tenace, and wins two tricks; whereas, if he plays the ace, he gives it up, and makes but one. But if *B* is to lead, he has no tenace, and lead which card he will, he must make *one* trick, and can make no more. This easy instance, well considered, will enable the player, with some practice, to adapt it to more apparently intricate situations.

97. The following cases, which happen frequently, will further explain this: *A* is left with four cards and the lead, viz. The second and fourth trump, and the ace and a small card of a suit not played. Nine trumps being

96. Quoique la tenace, ou avantage de position, ne puisse être réduite à une certitude comme au jeu de piquet ; et qu'il soit souvent nécessaire de l'abandonner pour des avantages plus certains, cependant on ne peut être bon joueur de Whist sans la bien comprendre : le principe est simple, mais les combinaisons sont variées. On conçoit aisément que *A* ayant l'as, la dame et une basse carte d'une couleur dont *B* a le roi, le valet et une autre, si *A* joue la petite carte, il demeure tenace, et fait deux levées ; au lieu que s'il joue l'as, il l'abandonne et ne fait qu'une levée. Mais si *B* doit faire l'invite, il n'a point de tenace ; et quelle que soit la carte qu'il joue, il doit faire une levée et rien de plus. Cet exemple facile, bien approfondi, et avec quelque pratique, rendra le joueur à même de l'appliquer à des situations ou apparences plus compliquées.

97. Les cas ci-après, qui se présentent fréquemment, donneront de l'article précédent une explication plus étendue. *A*, premier en main, reste avec quatre cartes, c'est-à-dire la seconde et la quatrième d'atout, l'as et une basse carte

out, *B*, his left-hand adversary, has the first and third trump, king and a small one of the suit of which *A* leads the ace. *Query*, what card should *B* play? *Answer*, the *king*: by which he brings it to an equal chance whether he wins three tricks or two; but if he keeps the king, he cannot possibly win three.

By placing the cards, you will perceive that if *B's* partner has a better card than *A's*, it prevents *A* from making either of his trumps, which, had *B* retained the king, he must have done.

98. *A* has three cards of a suit not played, (the last remaining) viz. king, queen, and ten; *B*, ace, knave, and another; *A* leads the *king*; if *B* wins it he gives up the tenace, and gets but one trick; whereas if he does not, he makes his ace and knave by preserving it.

99. *A* has ace, knave, and ten, of a suit which his partner leads. *Query*, which should he put on? *Answer*, the *ten*, particularly if it is a forced lead; by this he probably wins two tricks. If he puts on the ace, and his

d'une couleur qui n'a point été jouée. Neuf atouts ayant été joués, *B*, son adversaire de gauche, a la première et la troisième carte d'atout, le roi et une petite carte, de la couleur dont *A* joue l'as. *Question :* Quelle carte *B* doit-il jouer ? — *Réponse :* Le roi, au moyen duquel il réduit à une chance égale la possibilité de gagner trois levées ou deux ; mais, s'il garde le roi, il se met dans l'impossibilité d'en gagner trois.

En plaçant les cartes, vous apercevrez que si le partenaire de *B* a une meilleure carte que le partenaire d'*A*, il empêche *A* de faire l'un ou l'autre de ses atouts, ce qu'il eût fait si *B* eût retenu le roi.

98. *A* possède trois cartes d'une couleur qui n'a pas été jouée (la dernière couleur qui reste), c'est-à-dire le roi, la dame et le dix ; *B* a l'as, le valet et une autre : *A* joue le roi ; si *B* le prend, il cède la tenace, et ne gagne qu'une levée ; au lieu que s'il ne prend pas, il conserve la tenace, et fait son as et son valet.

99. *A* tient l'as, le valet et le dix d'une couleur dont joue son partenaire. *Question :* Que doit-il jouer ? *Réponse :* Le dix, particulièrement si c'est une invite obligée ; car par ce moyen il y a probabilité qu'il fera deux levées. S'il met

partner has no honour in the suit, he gives up the tenace, and can only win one.

100. Tenace is easily kept against your *right-hand*, but impossible, without great superiority of skill, against your *left-hand* adversary.

101. To explain what is meant by playing to points, place the following hand before you : *A* has the two *lowest* trumps, and two forcing cards, with the lead. The two *best demonstrably* in the adversary's hands, though *uncertain* if in the same or divided. Nine cards being played, and no trump remaining — *Query*, what is *A* to play? *Answer* — This can only be decided by the situation of the score, and whether or no it justifies the hazarding two tricks for one. The least consideration will convince the player, that before the score is much advanced, it would be highly improper for *A* to play a *trump*, because he manifestly ventured two tricks for one; of course he should secure two tricks by playing a forcing card. But suppose *A* to be

l'as, et que son partenaire n'ait aucune forte carte dans sa couleur, il abandonne la tenace, et ne peut faire qu'une levée.

100. Il est aisé de maintenir la tenace contre l'adversaire de droite, mais il n'en est pas de même contre celui de gauche, sans une habileté extraordinaire.

101. Pour expliquer ce que signifie jouer pour des points, placez devant vous le jeu suivant : *A*, qui possède les deux plus petits atouts, et deux cartes qui forcent à couper, est le premier à jouer. Les deux meilleurs atouts sont évidemment dans les mains des adversaires, quoiqu'il soit fort incertain s'ils se trouvent dans la même main ou s'ils sont divisés. Neuf cartes étant jouées, et aucun autre atout ne restant, *Demande :* Que doit jouer *A? Réponse :* Ceci ne peut être décidé que par la situation de la marque, qui seule peut justifier si l'on doit ou non hasarder deux levées pour une. La moindre attention convaincra le joueur qu'avant que la marque soit avancée, il serait très peu convenable que *A* jouât un atout, car il risquerait évidemment deux levées pour une ; il devrait donc s'assurer les deux levées en jouant une carte qui forçât à couper. Mais supposez que *A* soit au point de sept, et

at the score of *seven*, and that he has won six tricks, he should then as clearly venture to play the trump, because, if the trumps are divided, he wins the game, or otherwise remains at seven, which is preferable to the certainty of scoring nine. But if the adversary is at nine, this should not be done, as by hazarding the odd trick, you hazard the game.

N. B. This mode of reasoning will in general direct you where and why finesses are proper or improper. For there is scarcely one, though ever so right in general, but what the different situations of the score and hand may render dangerous and indefensible.

102. The following critical stroke decided one of the most material rubbers that ever was played, and is recommended to the attentive perusal even of proficients.

The parties were each at *nine*. *A* had won *six* tricks, and remained with *knave*, and a *small* trump, and two diamonds with the *lead*. *B*, his left-hand adversary, with the *queen* and *ten* of trumps, and two clubs. *C*, his partner, with two small trumps, and two

qu'il ait déjà fait six levées, il doit alors se hasarder à jouer atout, parce que si les atouts sont divisés il gagne la partie, ou il reste à sept points, ce qui est préférable à la certitude d'en marquer neuf. Mais si l'adversaire est au point de neuf, il faut se garder de jouer atout, car en risquant la septième levée, vous compromettez la partie.

N. B. Cette manière de raisonner vous indiquera en général quand et pourquoi les finesses sont à propos ou non, car il y en a peu, quoique bonnes généralement, qui ne deviennent dangereuses par différentes situations de la marque et de la main.

102. Le coup critique suivant décida une des plus importantes parties qui aient jamais été jouées, et se recommande à l'attention des personnes même les plus habiles.

Les joueurs étaient tous à *neuf*. *A* avait fait six levées; il lui restait le valet, un petit atout et deux carreaux; de plus, il avait la main. *B*, son adversaire de gauche, avait la dame, le dix d'atout et deux trèfles. *C*, partenaire de *A*, avait deux petits atouts et deux carreaux. *D*, dernier

diamonds. *D*, last player, with ace and a small trump, a club, and a heart. *A* led a diamond, which being passed by *B*, was to be won by *D*. *Query* — How is he to play, to make it possible to win the odd trick? *Answer* — *D* saw it was not possible, unless his partner had either the two best trumps, or the first and third, with a successful finesse. He, therefore, trumped with the *ace*, led the small one, and won the game.

N. B. In another score of the game, this would not be justifiable, as the chance of *losing* a trick is greater than of gaining one by it.

103. The attentive perusal (in the mode prescribed) of these maxims, will, I think, with a little practice, enable a beginner to play with very *good cards* to advantage. The difficulty of the game does not consist in *this*; for aces and kings *will* make tricks, and *no* skill can make a *ten* win a *knave*. But there are hands which frequently occur when skilful players win, where bunglers lose points; and (unless when the cards run very high) it is on the playing of *such*, success depends,

joueur, avait l'as et un petit atout, un trèfle et un cœur. *A* joua un carreau, que *B* laissa passer, et qui dut être gagné par son partenaire *D*. *Question :* Comment *D* devait-il jouer pour pouvoir gagner la septième levée? *Réponse : D* vit que cela n'était pas possible à moins que son partenaire n'eût les deux meilleurs atouts, ou le premier et le troisième atout, et qu'il ne fît une finesse heureuse. Il coupa donc avec l'as, joua ensuite son petit atout, et gagna la partie.

N. B. Dans tout autre état du jeu, ceci ne serait pas justifiable, parce que ce moyen offre plus de chance de perdre une levée que de la gagner.

103. Une lecture attentive de ces maximes, comme je les ai prescrites, jointe à un peu de pratique, mettra, je crois, le commençant à même de tirer avantage d'un beau jeu. Mais la difficulté du jeu ne consiste pas seulement à savoir tirer parti de belles cartes, car les as et les rois feront des levées; et quelque habile que soit le joueur, il ne peut faire qu'un dix emporte un valet. Mais il se présente souvent des jeux où les joueurs habiles gagnent, et où les mazettes perdent des points; et (à moins que les cartes ne soient fortes) c'est de la manière de jouer les médiocres que

viz. ace or king, and three other trumps, a tierce-major with others of a *second* suit with a *probable trick* in *a third*—the player's plan should be to remain either with the *last trump*, or with the *last* but *one*, with the *lead*: and to accomplish this *last*, he must *not win* the second lead with the commanding trump, but reserve it for the third. Nothing *then* but five trumps in *one hand*, can probably prevent his establishing his long suit, for he *forces* out the *best* trump, and the thirteenth brings in his suit again, which (without the lead after the third round of trumps) would be impossible.

104. As this maxim is of the utmost consequence, the following cases, which happen frequently, are added, to make it more clearly understood :—

1st. *A* has ace and three trumps, a strong suit, headed by a tierce-major, and a probable trick in a third, with a lead. *Query*—How should this hand be played? *Answer*—*A* should lead a trump; but if his partner wins and returns it, *A* should *not* put on his ace,

dépend le succès ; c'est-à-dire qu'avec l'as ou le roi et trois autres atouts, une tierce-majeure avec d'autres d'une seconde couleur et une levée probable dans une troisième, le plan du joueur devrait être de rester soit avec le dernier atout, ou avec l'avant-dernier et la main. Pour rester dans cette dernière position, il ne doit pas emporter la seconde levée avec l'atout supérieur, mais réserver celui-ci pour la troisième. Rien alors que cinq atouts dans une main ne peut avec probabilité l'empêcher d'établir sa couleur, car il force le meilleur atout, et le treizième le ramène encore dans sa couleur, ce qui serait impossible si l'on n'avait pas la main après le troisième coup d'atouts.

104. Cette maxime étant de la plus grande importance, afin de la rendre plus facile à comprendre, on y a ajouté les cas suivans, qui se présentent fréquemment :

1°. *A* tient l'as et trois atouts, une longue couleur, commandée par une tierce-majeure et une levée probable dans une troisième couleur; il est de plus le premier à jouer : que doit-il jouer? *A* doit jouer un atout; mais si son partenaire fait la levée, et qu'il rejoue atout, *A* ne doit pas mettre son as, mais laisser faire la levée à son adver-

but suffer it to be won by his adversary. When either *A* or his partner gets the lead, he of course plays a trump, which being won by *A*, he remains *with the lead*, and *one*, but not the *best* trump, though they should not be equally divided. This (his strong suit having forced out the *best*) establishes it again, notwithstanding the adversary may command the other suits, which are by these means prevented from making.

N. B. Had the ace been put on the second lead, the force would have been on *A*, and *his strong* suit entirely useless.

2d. A, with a similar hand, has ace, king, and two small trumps. If the adversaries lead trumps, he should not win the *first* trick, even if *last* player. *By this*, after the second lead, he still retains the *best* for the *third*, according to the maxim, and establishes his suit (though the best trump keeps up against him) unless there are five in one hand originally.

3d. With ace, queen, and two small trumps, do not win the *knave* led on your *left-hand*,

saire. Lorsque *A* ou son partenaire gagne la main, il doit jouer un atout, lequel étant pris par *A*, celui-ci reste avec la main et un atout, mais non pas le meilleur, quand bien même ils ne seraient pas divisés également. *A*, jouant sa forte couleur, force l'adversaire de couper avec le meilleur atout; alors l'atout qui reste à *A*, devenant maître, lui rend la main, et empêche en même temps les couleurs fortes des adversaires de faire des levées.

N. B. Si l'as avait été mis sur le second coup d'atouts, *A* aurait été forcé, et sa forte couleur serait devenue entièrement inutile.

2°. *A*, avec un jeu semblable, a l'as, le roi et deux petits atouts. Si les adversaires jouent atout, il ne doit pas faire la première levée, quand même il serait le dernier à jouer. Par ce moyen, après le second coup, il retient encore le meilleur atout pour le troisième, selon la règle, et il établit sa couleur, quoique le meilleur atout soit contre lui; à moins pourtant qu'il ne se trouve dès le commencement cinq atouts dans une main.

3°. Avec l'as, la dame et deux petits atouts, ne prenez pas le valet joué par votre adversaire

but let it be played again, according to the same maxim.

As the following, or nearly similar situations frequently occur, I recommend them to the attentive perusal of those students who, feeling within themselves that they comprehend what I have called the alphabet, wish to procure a gradual insight into the game, the whole combinations of which, I cannot too often repeat, proceed from very plain and simple principles; but it requires much reflection to comprehend the same maxim, when applied to inferior cards, that appears self-evident in the superiors. There is scarcely a player, who if he has the ace, king, and knave of the suit of which his right-hand adversary turns up the queen, but will lead the king, and wait for the return to finesse his knave. But with ace, queen, and ten (the knave being turned up on his right-hand), the same player will not see that his lead, if he plays a trump, is the *queen*, and that one and the same principle actuates the players on both occasions, and so through the suit.

de gauche, mais attendez qu'il en joue de nouveau, selon la même règle.

Comme les situations suivantes ou d'autres à peu près semblables se présentent souvent, je les recommande à la lecture attentive des étudians, qui, s'apercevant qu'ils comprennent ce que j'ai appelé l'alphabet, désirent s'initier par degré à la connaissance du jeu de Whist, dont toutes les combinaisons, je ne saurais trop le répéter, dérivent de principes clairs et simples; mais il faut beaucoup de réflexion pour bien saisir la même règle appliquée aux cartes inférieures, qui se montre si clairement lorsqu'on l'applique aux cartes supérieures. Il n'y a guère de joueur qui, tenant l'as, le roi et le valet de la couleur dont son adversaire de droite a retourné la dame, ne jouât le roi, et n'attendît un second tour pour finasser son valet; mais avec l'as, la dame et le dix, le valet étant retourné à sa droite, le même joueur ne verra pas que son jeu, s'il joue atout, doit être la dame, et qu'un seul et même principe dirige les joueurs dans l'une et l'autre occasion, et ainsi de suite jusqu'à la fin de la couleur.

It constantly happens that the adversary on the right-hand having won his partner's lead with the ace or king, returns the *knave*. In this case do not put on the queen, as the probability is against its being finessed. But on all these occasions, play without hesitation, which constantly directs a skilful adversary where to finesse to advantage.

It frequently happens when you have led from six trumps, that after your second lead you remain with three or four trumps, the *best* in your adversary's hand; in these situations play a small trump, which has these two advantages. —1st. To prevent the stopping of your partner's suit—and 2d, to give you the tenace, in whatever suit is led by the adversary. This, *mutatis mutandis,* will show that it is bad play to put out the best trump, leaving others in the hand of *one* of your adversaries. It may do good to keep it up, by stopping a suit, and can answer no good purpose whatever to play it out.

A remains with the best trump (say the

Il arrive constamment que l'adversaire de droite, ayant pris sur l'invite de son partenaire avec l'as ou le roi, joue ensuite le valet : dans ce cas ne jouez pas la dame, car il n'y a pas de probabilité en sa faveur. Mais dans tous les cas jouez sans hésitation, car pour peu que vous hésitiez, un adversaire habile en profitera toujours pour user de finesse avec avantage.

Il arrive encore très souvent, lorsque vous avez invité d'un atout en ayant six dans la main, qu'après un second tour il vous en reste trois ou quatre, le meilleur étant chez votre adversaire; dans des cas semblables jouez un faible atout, vous y trouverez deux avantages : 1°. d'empêcher que la couleur de votre partenaire soit interrompue; en second lieu, cela vous donnera la tenace dans quelque couleur que joue votre adversaire. Cela, *mutatis mutandis*, vous montrera que c'est mal jouer que de jouer le meilleur atout, pendant que d'autres restent dans la main de l'un de vos adversaires. Il est toujours à propos de le conserver pour interrompre la réussite d'une couleur, et il ne peut être d'aucune utilité de le jouer dans d'autres circonstances.

A reste avec le meilleur atout (le dix par exem-

ten) and a small one, with some losing cards, *C*, his partner, having clearly the second best (say the nine) with some winning cards; the adversaries having one small trump and winning cards of the other two suits. *A* is forced. *Query*—How is he to play? *Answer* —*A* is to ruff with his best, and lead out his small trump, by which he puts it into his partner's hand to make *his* winning cards, and renders those of his adversaries of no use whatever. This mode of play would sometimes be right, even when it was not *certain* whether the second best trump were in his partner's or his adversary's hand; but the fine player alone can be expected to distinguish on so nice an occasion.

There are points where good players disagree. Some play what is called a *forward*—others a more *timid* game. Some commonly put on a king, second; others but rarely. In these cases a man may play either way, without committing error; but where all good players are of the same opinion, it should be received as an axiom—no good player puts

ple), un autre petit et quelques cartes perdantes; *C*, son partenaire, possède évidemment le second atout maître (le neuf par exemple) avec quelques cartes gagnantes; les adversaires ont un petit atout et quelques cartes gagnantes des deux autres couleurs. *A* est forcé. *Question :* Comment doit-il jouer? *Réponse :* Il doit couper avec son meilleur atout, et jouer ensuite le petit, par lequel il met son partenaire à même de jouer ses cartes gagnantes, et rend entièrement nulles celles de ses adversaires. Cette manière de jouer serait quelquefois convenable quand bien même il ignorerait qui de son adversaire ou de son partenaire possède le second atout maître. Mais le joueur habile seul peut saisir une circonstance aussi délicate.

Il y a des cas où les joueurs expérimentés diffèrent d'opinion. Quelques uns jouent un jeu hardi, d'autres un jeu timide. Ceux-ci étant seconds à jouer, mettent communément un roi second, ceux-là rarement. Dans ce cas on peut jouer d'une manière ou de l'autre sans commettre d'erreur; mais on devrait admettre comme principes reçus les cas où tous les joueurs habiles sont d'une même opinion : ainsi, un joueur ha-

on a queen, knave, or ten second; of course, it should on all occasions be carefully avoided.

105. The possession of the last trump is of most material advantage in the hands of a good player. *A* has the thirteenth trump, with the ace and four small ones of a suit not played, of which the adversary leads the king and queen; by passing them both, *A* probably makes three tricks in the suit; but had he won the king, he could not possibly make more than one.

106. When it is at your option to be eight or nine, it is material always to choose the former score.

107. Observe carefully what is *originally* discarded by each player, and whether, *at the time,* the lead is with the *partner* or *adversary*. If with the *former,* it is invariably meant to direct the *partner*—if with the *latter,* it is frequently intended to deceive the *adversary,* and induce him to lead to his strong suit.

108. You are not only to take every method

bile ne met jamais une dame, un valet ou un dix second; on doit donc éviter de le faire en quelque occasion que ce soit.

105. La possession du dernier atout est un avantage important dans la main d'un joueur habile. *A* tient le treizième atout avec l'as et quatre petites cartes d'une couleur non jouée, dont l'adversaire joue le roi et la dame : en les laissant passer toutes deux, *A* fait probablement trois levées dans la couleur; mais eût-il gagné le roi, il ne lui eût pas été possible d'en faire plus d'une.

106. Quand vous avez le choix d'être à huit ou à neuf, il est toujours essentiel de prendre le premier de ces points.

107. Observez attentivement les cartes jetées dès le commencement par chacun des joueurs, soit que la main fût alors au partenaire ou qu'elle fût à l'adversaire. Si elle est au premier, l'intention est toujours de diriger le jeu que le partenaire doit suivre; mais si elle est à l'adversaire, on a souvent l'intention de l'induire en erreur, et de l'exciter à jouer la couleur où on est maître.

108. Vous devez non seulement employer tous

to preserve the tenace or advantage of the position to yourself, when it is evident that the winning cards lie between *you* and your adversary, but also to give it as much as possible to your partner, when you perceive the strength in any suit is in the hands of him and your left-hand adversary; always keeping in your mind, that *when* the *latter* or *you* lead, the tenace is *against*; if your partner lead, it is *for the adversary*. It frequently happens, that by winning your partner's trick, when last player, you accomplish this. *A* has *king*, *knave* (or any other second and fourth card) with a small one of a suit, that *B*, his left-hand adversary, has the first and third, and another with the lead. If *A* leads his card, and *B*, *your partner*, wins it, you, *last player*, should if possible win the trick, though it is your partner's. By which means you prevent *A* from making a trick, which he must have done, had the lead remained with *B*.

109. As I have ventured to recommend occasional deviations from what is consider-

les moyens pour conserver la tenace ou l'avantage de la position, lorsqu'il est évident que les cartes gagnantes sont entre vous et votre adversaire, mais aussi pour la donner, autant que possible, à votre partenaire, lorsque vous vous apercevez que dans ses mains et dans celles de votre adversaire de gauche se trouve une forte couleur; ayant toujours présent à l'esprit que lorsque ce dernier ou vous avez la main, la tenace est contre votre adversaire, et que si c'est votre partenaire qui invite, la tenace est en faveur de l'adversaire. Il arrive fréquemment qu'en prenant la levée de votre partenaire, étant dernier à jouer, vous arriviez à ce but. *A* a la main, le roi, le valet (ou quelque autre seconde ou quatrième carte), avec une petite carte d'une couleur dont *B*, son adversaire de gauche, a la première, la troisième et une autre. Si *A* joue sa carte, et que *B*, votre partenaire, la prenne, vous dernier joueur, vous devez faire la levée s'il est possible, quoique ce soit celle de votre partenaire. Par ce moyen vous empêchez *A* de faire une levée, qu'il eût faite si *B* eût conservé la main.

109. M'étant hasardé à prescrire de s'écarter, selon l'occasion, de ce que l'on considère comme

ed as one of the most classic maxims; *i. e.* leading from single cards, without that strength in trumps, hitherto judged indispensably necessary to justify it; I give the reasons that influence my opinion in favour of this practice, with those generally alleged against it, leaving the reader to determine between them. Two objections are made, which, it cannot be denied, *may* and do happen. The first, that if your partner has the king of the suit *guarded*, and the ace behind it, he loses it; which would not be the case, if the lead came from the adversary. The second, and most material, is, that your partner, if he wins the trick, may lead out trumps, on the supposition it is *your strong suit*, or the *adversaries* from suspecting your intention. On the contrary, the *constant* and *certain* advantages are the preservation of the tenace in the other *two suits*, which I suppose you to *have*, and the *probable* one of making your *small* trumps, which you could not otherwise do. *A* has four small trumps, ace, queen, etc., of the second suit;

l'une des maximes classiques, c'est-à-dire d'inviter d'un *singleton*, sans avoir le nombre d'atouts jugé indispensable jusqu'ici pour justifier cette manière de jouer, je donne les raisons qui influencent mon opinion en faveur de cette pratique, avec celles qui lui sont généralement opposées, laissant au lecteur le soin de décider entre elles. Deux objections se présentent de temps en temps, on ne peut le nier, avec plus ou moins de fondement. La première est que si votre partenaire a le roi gardé de cette couleur et que l'as le suive, il le perd ; ce qui n'arriverait pas si l'invite venait de l'adversaire. La seconde objection, et la plus essentielle, est que, si votre partenaire fait la levée, il peut jouer atout dans la supposition que c'est votre forte couleur, ou les adversaires peuvent faire de même en soupçonnant votre intention. Les avantages continuels et certains, au contraire, de cette manière de jouer sont la conservation de la tenace dans les deux autres couleurs que je vous suppose, et la probabilité de faire vos petits atouts, ce qu'autrement vous ne pouvez faire. *A* possède quatre petits atouts, l'as, la dame, etc., d'une seconde couleur ; le roi, le valet, etc., d'une troisième ; et une seule carte d'une qua-

king, knave, etc., of a third; and a single card of the fourth. In these sorts of hands, I am of opinion, that the chance of winning, by leading the single card, is much greater than of losing tricks; and I appeal to those who are in the habit of attending Whist tables, whether they do not frequently see the players who proceed more exactly according to the maxims of Hoyle, etc., after losing the game, trying to demonstrate that this ought not to have happened, and that they have been vanquished, by the bad, not good play of their adversaries. I do not recommend *in general* leading from single cards, unless very strong in trumps; but with such hands as I have mentioned, I am convinced it may be occasionally done with *very great*, though not *certain* advantage. It may not be unnecessary to inform the reader, that most of Hoyle's maxims were collected during what may be called the infancy of Whist; and that he himself, so far from being able to teach the game, was not fit to sit down even with the third-rate players of the present day.

trième. Dans ces sortes de jeux, je pense que la chance de gagner les levées en jouant la carte qui est seule, est beaucoup plus grande que celle de perdre les levées, et j'en appelle à ceux qui ont l'habitude des tables de Whist, s'ils ne voient pas fréquemment les joueurs qui suivent le plus exactement les anciens principes de l'école de Hoyle, etc., après avoir perdu la partie, essayer naïvement de démontrer que cela ne devait pas arriver, et qu'ils n'ont été vaincus que par la mauvaise et non par la bonne manière de jouer de leurs adversaires. Je ne recommande cependant pas en général de jouer des *singletons*, à moins qu'on ne soit fort en atouts; mais avec des jeux comme ceux dont je viens de parler, je suis convaincu qu'on peut le faire par occasion avec un grand avantage, bien que cet avantage soit incertain. Il n'est pas inutile d'informer le lecteur que la plupart des maximes de Hoyle furent recueillies alors que le jeu de Whist était encore dans l'enfance, pour ainsi dire; et que lui-même, loin d'être capable d'enseigner le jeu, ne serait pas aujourd'hui en état de prendre séance avec des joueurs de troisième force.

I shall conclude these maxims by a short recapitulation of the most material ones, by way of fixing them in the minds of the readers.

1st. Let them be assured that without comprehending the leads, modes of playing sequences, and an attentive observation of the board, it is as impossible to make any progress in the science of Whist, as to learn to *spell* before they know their alphabet.

2d. That accustoming themselves to reason by analogy, will alone teach them to vary their play according to circumstances; and show them, that the best play in *some*, is the worst in *different* situations of the game. It is common to see even good players hazard the game, merely to gain the applause of ignorant by-standers, by making as much of their cards as they are capable of; but this pitiful ambition cannot be too much guarded against. Avoid also the contrary extreme, the faults of the *old*, and many of the imitators of the *new* school. These never part with a tenace, or *certain* trick, though for the probability

Je terminerai ces maximes par une courte récapitulation des plus importantes, afin de les bien fixer dans l'esprit des lecteurs :

1°. Qu'ils se pénétrent bien que, sans comprendre les invites, la manière de jouer les séquences, et s'ils n'observent pas attentivement les cartes sur la table, il leur est aussi impossible de faire des progrès dans la science du Whist, qu'il est impossible d'apprendre à épeler avant de connaître l'alphabet.

2°. Que s'accoutumant à raisonner par analogie, cela seul pourra leur apprendre à varier leur jeu selon les circonstances, et leur montrer qu'une manière de jouer fort bonne dans certains cas, peut être fort mauvaise dans d'autres. Il est même fort ordinaire de voir de bons joueurs hasarder la partie seulement pour obtenir le suffrage de spectateurs ignorans en faisant autant de levées que possible; mais on ne saurait trop se mettre en garde contre cette pitoyable ambition. Évitez aussi le défaut contraire, les fautes de la vieille école et celles de plusieurs imitateurs de la nouvelle : ceux-ci ne se défont jamais d'une tenace ou levée certaine, même pour la probabilité d'en faire plusieurs, et ressemblent

of making *several;* and are like fencers who parry well but cannot attack. No player of this kind can ever excel, though he may reach mediocrity.

I must also repeat my advice to *proficients,* to vary their play according to the set they are engaged with; and recollect that it would be of no advantage to speak French like Voltaire, if you lived with people who are ignorant of the language.

à ces tireurs qui parent bien, mais ne savent pas attaquer. Aucun joueur de cette espèce ne peut jamais exceller, quand bien même il atteindrait la médiocrité.

Je dois aussi renouveler aux joueurs habiles mon avis, qui est de varier leur jeu selon les joueurs auxquels ils ont affaire, et de ne pas perdre de vue qu'il ne leur servirait de rien de parler français comme Voltaire à des gens qui ne comprennent pas sa langue.

ON LEADS.

1. The safest leads are: from sequences of three or more cards, *lead* the *highest*, and *put on* the *lowest* to your partner's lead; but the *highest* on your adversary's. With a tierce to the king and several others, begin with the *knave*.

2. With ace, king, knave, and *three* small trumps, play out the *ace* and *king*—with only *two*, the *king*, and wait for the finesse of the *knave*. In other suits, without great strength in trumps, or with the hopes of a particular *point*, do not wait for the finesse.

3. Ace, king, and five others, lead the ace in *all suits*. With four or less, the lowest, if trumps. In other suits, always the ace, unless all the trumps remaining are with you and your partner; in this case, a small one.

4. Ace, queen, knave, etc., in all suits the *ace*. Ace, queen, ten, with others, in

DU JEU DES INVITES.

1. Les invites les plus sûres sont celles-ci : de séquences de trois cartes ou plus, jouez la plus haute ; mettez la plus basse sur l'invite de votre partenaire, et la plus haute sur l'invite de votre adversaire. Avec une tierce au roi et plusieurs autres, commencez par le valet.

2. Avec l'as, le roi, le valet et trois petits atouts, jouez l'as et le roi ; avec deux seulement jouez le roi, et attendez pour faire finesse du valet. Dans les autres couleurs, sans grande force en atouts, ou avec l'espoir de faire un point essentiel, n'attendez pas que vous puissiez finasser.

3. Avec l'as, le roi et cinq autres, jouez l'as dans toutes les couleurs ; avec quatre ou moins, si ce sont des atouts, jouez la plus basse. Dans les autres couleurs, jouez toujours l'as, à moins que tous les atouts restans ne soient entre vos mains et celles de votre partenaire ; dans ce cas jouez une petite carte.

4. Avec l'as, la dame, le valet, etc., jouez l'as dans *toutes les couleurs*. Avec l'as, la dame, le

trumps, a small one; but if with three, unless very strong in trumps, lead the ace in other suits.

5. Ace, knave, with small ones, lead the lowest in trumps; in other suits, if with more than *two*, lead the ace, unless very strong in trumps.

6. Ace, with four small ones, in trumps, lead the *lowest*. If with four or more in other suits, and not very strong in trumps, the *ace*.

N. B. It is the general custom with ace and one other, to lead the ace—this is right if you have reason to think it your partner's suit, otherwise lead the small one.

7. King, queen, ten, etc., in all suits, lead the king; but if it *passes*, do not pursue the lead, as *certain* the ace is in your partner's hand as it is often kept up, but change your lead, and wait for the return from your partner when you have the finesse of the ten, if necessary.

8. King, queen, and five others, in all

dix et quelques autres en atouts, jouez un faible atout; mais si vous n'avez d'une couleur que trois cartes, à moins d'être très fort en atouts, jouez l'as.

5. Avec l'as, le valet et de petits atouts, jouez la plus basse; dans les autres couleurs, si vous en avez plus de deux, jouez l'as, à moins que vous ne soyez très fort en atouts.

6. Avec l'as et quatre petits atouts, jouez le plus petit. Si vous avez quatre cartes ou plus dans d'autres couleurs, et que vous ne soyez pas très fort en atouts, jouez l'as.

N. B. Il est généralement d'usage, ayant l'as avec une autre carte, de jouer l'as. Il est bien de jouer ainsi si vous avez quelque raison de penser que c'est la couleur de votre partenaire, autrement invitez de la petite carte.

7. Avec le roi, la dame, le dix, etc., dans toutes les couleurs, jouez le roi; mais s'il passe, ne continuez pas l'invite, ayant ainsi la certitude où que l'as est dans la main de votre partenaire, ou qu'il est caché chez l'adversaire; mais changez votre invite, et attendez que votre partenaire revienne à cette couleur pour finasser du dix, si cela est nécessaire.

8. Avec le roi, la dame et cinq autres dans

suits, the *king*. With four or less in trumps, lead the lowest. In other suits, always the king, unless you have the two only remaining trumps, if so you may play a small one.

9. King, knave, ten, etc., in all suits, lead the ten. King, knave, and two or more small ones, the lowest.

N. B. You should not lead from king, knave, and a small one, unless it is clearly your partner's suit, in which case, play off your king and knave.

10. Queen, knave, nine, and others, lead the queen. Queen, knave, with one other, the queen. Queen, knave, with two more, the lowest. —Queen, ten, and two others, the lowest. Queen, and three small ones, the lowest. Queen, or knave, with only two, the queen, or knave.

N. B. The trump card sometimes occasions a deviation from these rules. *A* has the ace or king, with a sequence from the ten downwards, of the suit of which his left-hand adversary turns up knave or queen. *A* should lead the *ten*. If the knave or queen be put on, you have a finesse on the return with the

toutes les couleurs, jouez le roi; avec quatre ou moins en atouts, jouez la plus basse carte; dans les autres couleurs toujours le roi, à moins que vous n'ayez les deux seuls atouts restans; s'il en est ainsi, vous pouvez jouer une petite carte.

9. Avec le roi, le valet, le dix, etc., dans toutes les couleurs, jouez le dix; avec le roi, le valet et deux petites cartes ou plus, jouez la plus basse.

N. B. Il ne faut pas inviter du roi, du valet ou d'une petite carte, à moins que ce ne soit évidemment la couleur de votre partenaire; dans ce cas jouez le roi et le valet.

10. Avec la dame, le valet, le neuf et d'autres cartes, jouez la dame; avec la dame, le valet et une autre, la dame; avec la dame, le valet et deux autres, la plus basse; avec la dame, le dix et deux autres, jouez la plus basse; avec la dame et trois petites cartes, jouez la plus basse; avec la dame ou le valet et seulement deux petites cartes, jouez la dame ou le valet.

N. B. La carte qui retourne est souvent la cause d'une déviation de ces règles. *A* tient l'as avec une séquence inférieure au dix, de la couleur dont son adversaire de gauche tourne le valet ou la dame. *A* doit jouer le dix. Si le valet ou la dame est jeté, vous avez une finesse avec le neuf quand on rejoue cette

nine; if not, your partner, with an honour, will pass it; and is either way advantageous.

The following calculations are sufficient for a beginner; deeper ones frequently puzzle even the proficient: —

That either player has not one named card, not in your hand, is . . . . 2 to 1

5 to 4 in favour of his having. . 1 of 2

5 to 2 . . . . 1 in 3

4 to 1 . . . . 1 in 4

N. B. The odds are so considerable that no player has two or more named cards, that scarce any situation justifies playing on this supposition, except the impossibility of *saving* or *winning the game* otherwise; of course further calculations are more for curiosity than utility.

The odds of the game are calculated according to the points, and with the deal:

1 love . . . . 10 to 9

2 loves. . . . . 10 to 8

and so on, except that 9 is considered as

couleur; sinon, votre partenaire, avec un honneur, laissera passer la levée; et dans ces deux cas, cette manière de jouer est avantageuse.

Les calculs suivans suffisent à un commençant; de plus profonds ne servent souvent qu'à embarrasser même le joueur habile :

D'abord il y a deux à parier contre un que l'un ou l'autre joueur n'a pas une carte nommée qui ne se trouve pas dans votre main;

5 contre 4, qu'il en a 1 sur 2;
5 contre 2, qu'il en a 1 sur 3;
4 contre 1, qu'il en a 1 sur 4.

N. B. Les probabilités sont si considérables qu'aucun joueur ne possède deux ou plusieurs cartes nommées, qu'à peine il existe de situation qui justifie de jouer dans cette supposition, si ce n'est l'impossibilité de sauver ou de gagner la partie autrement; des calculs ultérieurs sont des problèmes à résoudre plutôt par curiosité que par utilité.

Les probabilités de la partie sont calculées selon l'état de la marque et avec la donne :

1 à 0 ou rien, est comme 10 à 9;
2 à 0 ou rien, est comme 10 à 8;

et ainsi de suite, excepté que 9 est considéré

something worse than 8. It is 3 to 1 in favour of the first game.

N. B. Notwithstanding that calculations are in general accurate, it is difficult to conceive that 10 in 20 is 3 to 1, while 5 in 10 is but 2 to 1, and even 6 in 10 is but 5 to 2. I am convinced whoever bets the 3 to 1, will lose on the long run; and on the contrary, he who bets the 2 to 1, and 5 to 2, will gain in the same proportion.

The odd trick has always been supposed in favour of the leader; but this is an error, as the dealer has the advantage in this, as in every other score.

---

comme quelque chose de plus mauvais que 8. Il y a 3 contre 1, en faveur de celui qui a gagné la première partie.

N. B. Bien que les calculs soient en général exacts, il est difficile de concevoir que 10 sur 20 soit comme 3 à 1, tandis que 5 sur 10 n'est que 2 à 1, et même que 6 sur 10 n'est que 5 à 2. Je suis convaincu que quiconque parie 3 contre 1, perdra à la longue, et au contraire que celui qui parie 2 contre 1 ou 5 contre 2, gagnera dans la même proportion.

On a toujours supposé que le *odd trick* ou septième levée était en faveur de celui qui est premier en main; mais c'est une erreur, car celui qui donne a toujours l'avantage en cela comme dans toute autre circonstance.

LAWS OF WHIST.

1. If a card be turned up in dealing, the adverse party, on naming it, may call a new deal, unless they have looked at or touched the cards, so as to have occasioned it; but if any card, except the last, is faced, it is decidedly a new deal.

2. Should any card player have but twelve cards, and the others their proper number, the deal is good; and he who has the twelve cards pays for any renounce he may have made; but if either have fourteen cards, the deal is *lost*.

3. If the dealer does not turn up the last card, the deal is lost.

4. The dealer should leave the last card on the table till he has played; after which nobody can ask for it, though they may inquire what is trumps at any time. Should he leave it on the table after the first round, it may be called, as if shown by accident.

RÈGLES DU WHIST.

1. Si, lorsqu'on donne, une carte se retourne, la partie adverse en la nommant a le droit de faire redonner, à moins qu'elle n'ait occasionné cet accident en regardant ou en touchant les cartes ; mais si une carte est retournée dans le jeu, à moins que ce ne soit la dernière, il faut absolument redonner.

2. S'il arrive qu'un des joueurs n'ait que douze cartes, les autres ayant leur nombre exact, la donne est considérée comme bonne. Celui qui a douze cartes paie pour chaque renonce qu'il a pu faire; mais si un des joueurs a quatorze cartes, la donne est perdue.

3. Si celui qui donne ne retourne pas la dernière carte, la donne est perdue.

4. Celui qui donne doit laisser sur la table la dernière carte ou atout jusqu'à ce qu'il ait joué ; après quoi personne ne peut la demander, bien qu'à volonté on puisse s'informer de quelle couleur est l'atout. Si celui qui donne laisse la carte sur la table après le premier tour, on peut l'appeler, comme si elle eût été montrée par accident.

5. Every person has a right, before he plays, to call on the players to place their cards before them. It is, therefore, a quibble, to say they have no right to make that demand.

6. The party who reminds his partner to call after the trump is turned up, forfeits a point.

7. If one of the players omit playing to a trick and remain with a card too many, it is at the option of the adversaries to call a new deal.

8. If *A* plays out of his turn to his partner's lead, the *last* player may play before the *first* if to his *adversary's*, his partner; may be compelled to, or prevented from, winning the trick, at their option.

9. Mistakes relative to tricks may be rectified at any time during the game, whether called or not. — Also honours, if proved to have been *called* in time, though not scored; but they cannot be claimed after the trump is turned up.

10. If one party call at any score but eight,

5. Chacun a le droit, avant de jouer, de demander que les joueurs placent leurs cartes devant eux ; c'est donc une plaisanterie que de dire que l'on n'a pas le droit de demander qui les a jouées.

6. Le joueur qui fait ressouvenir à son partenaire d'appeler après que l'atout est tourné, perd un point.

7. Si un des joueurs omet de jouer sur une levée, et qu'il reste avec une carte de trop, les adversaires sont en droit d'exiger une nouvelle donne.

8. Si *A* joue avant son tour sur l'invite de son partenaire, le dernier en main peut jouer avant le premier ; si c'est sur l'invite de son adversaire, son partenaire peut être forcé ou empêché de faire la levée.

9. Toute erreur relative aux levées peut être rectifiée en tout temps pendant la partie ; il en est de même des honneurs, s'il est prouvé qu'ils aient été annoncés à temps, quoique non marqués ; mais une fois l'atout retourné, ils ne peuvent être réclamés.

10. Si un des joueurs appelle à tout autre point

the adversaries may, after consulting, call a new deal; the same, if one calls without *two*, or the other answers without *one* honour.

11. If any player calls *after* he has played, the adversaries may call a new deal; but not consult together.

12. If any person plays *out of his turn*, the adversaries have the option to call *that* card at any time, or direct the player whose turn it was, to play any suit they choose.

13. If *A*, supposing that he has won a trick, lead again before his partner has played to it, the adversaries may oblige his partner to win it, if he can.

14. Any player may call a card from his adversary, if he names it, and proves the separation. Should he name a wrong one, he may have his best or worst card called of any suit played during the deal.

15. Cards thrown down cannot be taken up

que huit, les adversaires peuvent, après s'être consultés, demander une nouvelle donne. La même peine est applicable si l'un des joueurs appelle sans avoir deux honneurs, ou si son partenaire répond sans tenir *un* honneur.

11. Si quelque joueur appelle *après* qu'il a joué, les adversaires peuvent, mais sans se consulter, demander une nouvelle donne.

12. Si quelqu'un joue hors son tour, les adversaires ont le droit ou d'appeler à volonté la carte jouée, ou d'obliger le joueur, dont c'était le tour, de jouer dans la couleur qu'ils choisissent.

13. Si *A*, supposant qu'il ait fait une levée, joue de nouveau avant que son partenaire ait joué, les adversaires peuvent obliger son partenaire à prendre cette levée s'il le peut.

14. Tout joueur peut appeler une carte que son adversaire a laissé voir, pourvu qu'il la nomme et prouve la séparation ; s'il ne la nomme pas exactement, il est assujetti à son tour à ce que sa plus forte ou plus basse carte, d'une couleur quelconque, soit appelée pendant la durée de la donne.

15. Les cartes jetées sur table ne peuvent être

again, but may be called by the adversaries. —They may be shown down by the player, if sure of every trick.

16. There are in fact four penalties on a revoke, which take place of every other score. The adversaries may take three tricks from the party revoking, or three from their score, or add three to their own; and if there still should remain enough to make the party revoking game, they cannot win it, but remain at nine.

17. A revoke is not established before the party revoking has played again, or the trick been turned and quitted; but the adversaries, at their option, may call for the highest or lowest of the suit at the time, or the card shown at any time during the deal.

18. If a revoke be claimed, the adversaries forfeit the penalties of a revoke, if they mix the cards before it is determined.

19. No revoke can be claimed after the cards are cut for the next deal.

⁂ It is now settled that either of the players may insist on the cards being placed at any time previous

relevées, et peuvent être appelées par les adversaires. Elles peuvent être montrées si celui qui les tient est sûr de faire toutes les levées.

16. Il y a de fait quatre peines sur une renonce, qui comptent et se marquent avant tout autre point. Les adversaires peuvent prendre trois levées du parti renonçant, ou déduire trois points de sa marque, ou en ajouter trois à la leur; et s'il en restait encore assez pour donner la partie à celui qui renonce, au lieu de la gagner, il faut qu'il reste à neuf.

17. Une renonce n'est pas établie avant que le parti qui renonce n'ait rejoué, ou que la levée n'ait été tournée et quittée; mais les adversaires ont l'option d'appeler au moment même la plus haute ou la plus basse carte de la couleur, ou la carte vue pendant toute la durée de la donne.

18. Si une renonce est réclamée, les présumés coupables encourent la peine de la renonce s'ils mêlent les cartes avant que la question soit décidée.

19. Aucune renonce ne peut être réclamée une fois les cartes coupées pour la prochaine donne.

*** Il est maintenant établi que l'un ou l'autre des joueurs peut en tout temps insister pour que les

to their being put together. — It is also settled, that where a bet is made, that either of the parties scores two, the bet is won by honours, though the adversary has won the game by cards — Supposing that *A* makes two points, if *B*, his adversary, being at 7, makes three by cards, if *A* has two by honours, he still WINS HIS BET.

---

cartes soient placées avant d'être mises ensemble. Il est arrêté également que lorsqu'un pari est fait, que l'un ou l'autre des partis marquera deux points, le pari est gagné par les honneurs, quoique l'adversaire ait gagné par les levées. Supposez que *A* fait deux points, et que *B*, son adversaire, étant à sept, fait trois points par les levées, si *A* peut compter deux par les honneurs, il gagne son pari.

PROPOSED LAWS.

Though these laws are excellent as far as they go, yet experience convinces us they are inadequate to meet the various cases that continually occur at Whist tables. Hence disputes, wagers, references, etc., arise, which are often decided differently by different referees, unsatisfactorily to the disputants, and sometimes unaccountably to those interested. It has, therefore, long been a desideratum, that a Code should be attempted, which having undergone the ordeal of examination by proper judges, should, with any addition they may think proper to make, be hung up in various club-rooms as a classical authority to be referred to on all occasions. As nobody has yet undertaken this necessary task, whose acknowledged judgment would prevent all difference of opinion, I have attempted something of the kind. The cases with their decisions, I know to have happened; and the

RÈGLES PROPOSÉES.

Bien que les règles précédentes soient excellentes jusqu'à un certain point, néanmoins l'expérience peut nous convaincre qu'elles sont insuffisantes pour subvenir aux différens cas qui se présentent continuellement aux tables du Whist, et qui donnent lieu à des disputes, des paris, des arbitrages, etc., bien souvent décidés de différentes manières par différens arbitres, et sans rendre satisfaction aux disputans, quelquefois même sans être compréhensibles aux personnes intéressées. On a donc long-temps désiré qu'un Code fût mis en pratique, qui, ayant subi l'épreuve de l'examen par des juges compétens, et auquel on ajouterait les additions convenables, fût affiché dans les différens clubs et salons, comme une autorité incontestable, à laquelle on pût recourir dans toutes les occasions. Comme jusqu'ici cette tâche utile n'a été entreprise par personne dont le jugement bien reconnu fût à même d'empêcher toute différence d'opinion, j'ai voulu essayer de faire quelque chose dans ce genre. Je sais que les cas cités et leurs

consequent rules which I endeavour to establish, are founded on the following principle of all laws, viz. — That *penalties* should be in exact proportion to the *advantages possible* to accrue from the transgression.

Whether these regulations are adopted or not, if they stimulate some person more capable of the task to accomplish what I fail in, I shall by no means regret the trouble I have taken or be mortified at the rejection of my opinions.

CASE 1. The parties were each at the score of 8, *A*, the elder-hand, called, having but one honour in his hand, and his partner did not answer it. *B*, the next adversary, *though he had two honours*, did not call, as he of course thought it could be to no purpose. The game being played out was won against the honours. This was referred on the spot, and decided in favour of the tricks; but, in my opinion, so improperly, that I do not hesitate to propose the following law to be added to the present Code : —

" Whoever calls, having only one honour

décisions se sont présentés ; les règles que j'essaie d'établir sont fondées sur le principe suivant de toutes les lois, savoir : que les peines doivent être en une exacte proportion avec les avantages qui peuvent résulter de la transgression aux règles établies.

Que ces réglemens soient adoptés ou non, s'ils peuvent engager quelque personne plus capable que moi à remplir cette tâche mieux que je ne l'ai fait, je ne regretterai nullement la peine que j'ai prise, ni n'éprouverai aucune mortification à voir mes opinions rejetées.

Cas N° 1. Les parties étaient chacune au point de huit. *A*, premier en main, appela n'ayant qu'un honneur dans son jeu, et son partenaire ne répondit pas. *B*, l'adversaire suivant, quoiqu'il eût deux honneurs, s'abstint d'appeler, pensant naturellement que c'eût été sans objet. La partie étant jouée, fut gagnée contre les honneurs. On en référa sur place, et on décida en faveur des levées, mais si mal à propos, à mon avis, que je n'hésite pas à proposer d'ajouter la loi suivante au Code actuel :

« Quiconque appelle n'ayant qu'un honneur en

in his hand, should forfeit in proportion to any advantage that actually *does* or *may* possibly accrue from the fault. Should it prevent the adversaries from calling, after the hand is played out, the honours shall take place of the tricks."

Case 2. The dealer, after showing the trump card, through awkwardness, let it fall on its face. It was determined on the spot that the deal should not stand good; but the card having been seen, as there could be no possible advantage made by the mistake, I am of a different opinion, and propose the following addition to the third law as it now stands in this book: —

"But if the card be shown and falls on its face by accident *afterwards*; then the deal ought to stand good."

Case 3. *A*, playing out of his turn, *C*, his partner, was directed to play a trump; *C*, however, led another suit, and three or four cards were played before it was discovered that *C* had a trump in his hand. It was referred to me on the spot, as no printed laws

main, doit être puni en proportion de l'avantage qui résulte ou peut résulter de sa faute. Si cette faute empêche les adversaires d'appeler après que la main sera finie, les honneurs l'emporteront sur les levées. »

Cas n° 2. Celui qui donnait, après avoir montré la retourne, la laissa par maladresse retomber sur sa face. Il fut déterminé sur place que la donne serait perdue. Mais la carte ayant été vue, et aucun avantage n'ayant pu résulter de cette faute, je suis d'une opinion différente, et je propose donc d'ajouter l'article suivant à la troisième règle, telle qu'elle est établie dans ce livre :

« Mais si la carte a été vue, et tombe *ensuite* par accident sur sa face, la donne sera considérée comme bonne. »

Cas n° 3. *A* jouant hors son tour, il fut dit à *C*, son partenaire, de jouer atout ; *C* cependant joua une autre couleur, et trois ou quatre cartes furent jouées avant qu'on découvrît que *C* avait un atout dans la main. On en référa à ma décision, parce qu'aucune loi imprimée ne prévoyait le

reached the case. I decided that the cards should be taken up again and a trump led by *C*, as directed. This decision was approved by both parties, and I propose it as a law on any similar occasion.

Case 4. *A* called at 8; his partner did not answer, though he had an honour, having a bet on the odd trick. The adversaries contended that the deal should not stand, and a wager was laid in consequence, and referred to me. I decided that the *game* was fairly won, because there could be no possible advantage made of the circumstance so far as related to the *game*, though it might as to the *trick*, had that been the case referred. I think it impossible to object to the following law, viz.—

"No one is obliged to answer to his partner's call, even though he has the other two honours in his hand."

Case 5. *A*, at the score of 8, on gradually opening his hand saw two honours in it immediately, and told his partner of it, who did not answer. *A*, continuing to look at his cards,

cas. Je décidai que chacun reprendrait ses cartes, et que *C* jouerait un atout comme on l'avait dit d'abord. Cette décision fut approuvée par les deux partis, et je propose qu'on lui donne force de loi en pareille occasion.

Cas n° 4. *A* chanta étant à 8 ; son partenaire ne répondit pas, quoiqu'il eût un honneur, ayant un pari sur la septième levée. Les adversaires s'opposèrent à ce que la partie fût considérée comme bonne, et on s'en rapporta à moi. Je décidai que la partie était loyalement gagnée, parce qu'on ne pouvait tirer aucun avantage possible de cette circonstance, autant que cela pouvait concerner la partie, bien qu'il pût y en avoir pour la levée, si c'eût été là le point en question. Je pense qu'il est impossible de rien objecter à la loi suivante, savoir :

« Aucun joueur n'est obligé de répondre à l'appel de son partenaire, quand bien même il a les deux autres honneurs en main. »

Cas n° 5. *A* étant au point 8, en découvrant peu à peu son jeu, y vit deux honneurs, et en informa immédiatement son partenaire, qui n'y répondit pas. *A* continuant de regarder ses

found a third honour, and showed them down. It was contended that he had no right to do this, and decided, as I hear, against him, but, I am fully convinced, improperly; and I propose a law, that,

"No man having three honours in his hand can be precluded from taking advantage of them at any time previous to his playing a card."

I shall now attempt to frame a law, which, if agreed to, will, in my opinion, put a stop to a practice that, though perhaps not meant to be, is in itself, absolutely unfair, and what is still worse, is the parent of all those unpleasant disputes and altercations which form the only objections to a game in every other respect calculated for rational amusement. I need scarcely add, that I mean the discovery, by words or gestures, of your approbation or dislike of your partner's play, before the deal is absolutely finished. I do not mean to prevent talking over the last hand between the deals; but that it should be absolutely prohibited, under a severe penalty, to say a word

cartes, trouva un troisième honneur, et les mit tous à découvert. On prétendit qu'il n'avait pas le droit d'agir ainsi, et il fut décidé contre lui, mais si mal à propos, d'après ma conviction, que je propose comme loi, que

« Aucun joueur ayant trois honneurs en main, ne peut être empêché d'en tirer avantage à volonté avant d'avoir joué une carte. »

J'essaierai maintenant de tracer une loi, qui, dans mon opinion, si elle est adoptée, fera cesser une habitude peu loyale, bien que peut-être ce soit sans intention; cette habitude est la source de ces disputes et de ces altercations désagréables, seules objections à un jeu qui n'est calculé que pour procurer un amusement raisonnable. Je n'ai pas besoin d'ajouter que je veux parler des paroles et gestes approbatifs ou désapprobatifs du jeu de votre partenaire avant que les treize cartes soient entièrement jouées. Je ne prétends pas dire qu'il faille empêcher de parler sur le jeu entre les donnes; mais il devrait être interdit, sous des amendes sévères, de proférer un seul mot entre la retourne de la carte d'atout et le jeu de la dernière carte en main, si ce n'est, ce qui

between the turning up of the trump card and playing the last card of the deal, except what is already allowed by the rules of the game— such as to ask what is trumps, to desire the cards may be drawn, etc. The law I propose is this —

" Whoever shall, by word or gesture, manifestedly discover his approval or disapprobation of his partner's mode of play, or ask any questions but such as are specifically allowed by the existing Laws of Whist, the adversary shall either add a point to his own score, or deduct one from the party so transgressing, at his option. "

---

est déjà permis par les règles du jeu, pour demander ce qui est atout, ou désirer que chacun place sa carte, etc. La loi que je propose est la suivante :

« Quiconque, par parole ou par geste, exprimera clairement son approbation ou sa désapprobation à l'égard de la manière de jouer de son partenaire, ou fera des questions autres que celles qui sont spécialement autorisées par les lois existantes du Whist, donnera à son adversaire le droit, ou d'ajouter un point à sa propre marque, ou d'en déduire un de la marque du transgresseur. »

CONCLUSION.

I have been desired by some beginners, to whom this book is particularly addressed, to give a minute definition of two words, which, though *universally* used, are not *generally* understood. I mean *Tenace* and *Finesse.* Indeed the game depends so much on the comprehension of their principles, that any man desirous of obtaining even a competent knowledge of it, will never regret the trouble of the study.

Many parts of Whist are mechanical, and neither maxims nor instructions are necessary to inform the beginner that an ace wins a king; or that you must follow the suit played, if you have one in your hand.

The principle of the *Tenace* is simple. If *A* has the ace and queen of a suit, and *B*, his adversary, has the king and knave, the least consideration will show that if *A* leads, *B* wins a trick, and *vice versâ*. Of course, in

CONCLUSION.

Quelques commençans, à qui ce livre est particulièrement dédié, m'ont prié de leur donner une définition exacte de deux mots, qui, quoique universellement en usage, ne sont pas généralement bien compris. Je veux parler des mots *tenace* et *finesse*. Le jeu dépend si fort de l'intelligence de leurs principes, que quiconque désire en obtenir une connaissance suffisante n'en regrettera jamais l'étude.

Plusieurs détails du jeu de Whist sont purement une affaire de routine; ni les règles, ni les instructions ne sont nécessaires pour informer le commençant qu'un as emporte un roi, ou qu'il faut suivre la couleur jouée si l'on en tient en main.

Le principe de la tenace est simple. Si *A* tient l'as et la dame d'une couleur, et que *B*, son adversaire, ait le roi et le valet, la moindre réflexion fera voir que si *A* invite, *B* gagne une levée, *et vice versâ*. Naturellement, dans toute

every situation it is the mutual plan of players, by leading a losing card, to put it into the adversary's hand to oblige *him* to *lead* that suit, whereby you preserve the tenace. So far is easily comprehended; but it requires attention with practice to apply the *principle*, so obvious in the *superior*, to the *inferior* cards, or see that the same tenace operates occasionally with the seven and five, as the ace and queen, and is productive of the same advantage. *A*, *last* player, remains with the ace and queen of a suit not played, the last trump and a losing card. *B*, his *left-hand adversary*, leads a forcing card. *Query*—How is *A* to play? *Answer*—If three tricks win the game, or any particular point, he is not to ruff, but throw away his losing card, because his left-hand adversary being then obliged to lead to his suit, he remains tenace, and must make his ace and queen. But upon the supposition that making the four tricks gains him the rubber, he should then take the force, as in these situations you are justified in giving up the tenace for an equal chance of making any material point.

situation, le plan réciproque des joueurs est de jouer une carte perdante pour la mettre dans la main de l'adversaire, afin de l'obliger à jouer cette couleur ; par ce moyen on conserve la *tenace*. Jusque là tout est facile à comprendre, mais il faut de l'attention et la pratique du jeu pour appliquer aux basses cartes ce principe si évident dans les cartes supérieures, ou pour voir que la même tenace opère par occasion avec le sept et le cinq, comme avec l'as et la dame, et produit le même avantage. *A*, dernier joueur, reste avec l'as et la dame d'une couleur non jouée, le dernier atout et une carte perdante. *B*, son adversaire de gauche, joue une carte qui force à couper. Que doit jouer *A*? Si trois levées gagnent la partie, ou quelque point particulier, il ne doit pas couper, mais jeter sa carte perdante ; parce que son adversaire de gauche étant alors obligé de jouer dans sa couleur, il reste *tenace*, et doit faire l'as et la dame. Mais, en supposant qu'en faisant les quatre levées il gagne le *robre*, il doit prendre la carte qui force à couper ; parce que dans ces situations il est justifiable d'abandonner la tenace pour une chance égale de faire quelque point essentiel.

The *Finesse* has a near affinity to the tenace, except that the latter is equally the object where *two*, and the former only where there are *four* players. *A* has the ace and queen of a suit led by his partner; now the dullest beginner will see it proper to put on the queen; and this is called finessing it, and the intention is obviously to prevent the king from making, if in the hand of his right-hand adversary. Should it not be there, it is evident you neither gain nor lose by making the finesse; but few players carry this idea down to the inferior cards, or see that a trick might be made by a judicious finesse, against an eight, as a king—but to know exactly when this should be done, requires more skill than in the more obvious cases, united with memory and observation.—Another case of finesse, even against *two* cards, frequently occurs, and the reason, on reflection, is self-evident.

A leads the ten of a suit of which his partner has the ace, knave, and a small one; *C* should finesse or let the ten pass; even though

La *finesse* a beaucoup de rapport avec la *tenace*, à l'exception que celle-ci se passe entre deux joueurs, et la première entre quatre. *A* tient l'as et la dame d'une couleur jouée par son partenaire ; le commençant le moins intelligent verra qu'il est convenable alors de jouer la dame : c'est ce qu'on appelle finasser la dame ; et l'intention ici est évidemment d'empêcher le roi de faire une levée s'il est dans la main de son adversaire de droite. Il n'y serait pas, qu'il est évident qu'on ne gagne ni ne perd en faisant la finesse ; mais peu de joueurs portent cette idée aux cartes inférieures, ou voient qu'on pourrait obtenir une levée par une finesse judicieusement faite contre un huit, comme contre un roi ; mais pour bien savoir quand ceci doit être mis à exécution, il faut beaucoup plus d'adresse, de mémoire et d'observation que dans les cas plus évidens. Un autre cas de finesse, même contre *deux* cartes, se présente fréquemment ; en y réfléchissant on en concevra facilement la raison.

A joue le dix d'une couleur dont *C* son partenaire a l'as, le valet et une petite carte ; *C* doit finasser ou laisser passer le dix, bien qu'il sache

he knows the king or queen is in his left-hand adversary's hand; because he preserves the tenace and probably makes two tricks; whereas, had he put on his ace, he could make but *one*—in short, tenace is the game of position; and finesse, the art of placing yourself in the most advantageous one.

---

que le roi ou la reine se trouve dans la main de son adversaire de gauche ; parce qu'il conserve la tenace, et fait probablement deux levées ; au lieu que s'il met son as, il n'en peut faire qu'une. Enfin, la *tenace* est le jeu de *position ;* et la *finesse,* l'art de se placer dans la position la plus avantageuse.

OBSERVATIONS

ON

SHORT WHIST.

SINCE the publication of this little Treatise, a NEW GAME has come into fashion, which is denominated SHORT WHIST. This, though apparently played on the same principles, is in many respects essentially different from the *Long Game*; so much so, that it appears obvious to me, a very critical player at the *one*, may be deficient at the *other*. There have been, I presume, two inducements for this alteration: the *one*, to promote a quicker circulation of the cash, and make the play deeper; the other, to reduce the advantage of the *good* over the *bad* player, by approximating a game of skill, still nearer to a game of chance. That it has both these effects is evident, for Short Whist is much higher play at a guinea, than Long Whist at two guinea

OBSERVATIONS

SUR

LE WHIST EN CINQ POINTS.

Depuis la publication de ce petit Traité, la mode a adopté un nouveau jeu, ou Whist en cinq points. Quoiqu'il se joue en apparence d'après les mêmes principes, il diffère si essentiellement du grand Whist, sous plusieurs rapports, qu'il me paraît évident qu'une personne habile à jouer le premier de ces jeux, peut jouer le second fort médiocrement. Il y a eu, je pense, deux motifs pour cette innovation : le premier, d'activer la circulation de l'argent et de rendre le jeu plus dispendieux; l'autre, de diminuer l'avantage qu'a le joueur habile sur le médiocre, en rapprochant d'un jeu de hasard un jeu tout d'habileté. Il est évident qu'il produit ces deux effets, car le petit Whist est plus dispendieux à un louis que le grand jeu à deux louis la fiche; et je suis convaincu que moins le joueur faible a de points à faire, plus il a d'avantage. En supposant que les honneurs se présentent, terme moyen à chaque partie, au

points; and I am convinced that the fewer points to be played for, the greater the advantage to the inferior player; on the supposition that the honours, on an average, are four in the Long, and two each game in Short Whist, I think the *good* player has double the advantage in the former, to what he has in the latter game, having twice the number of points to play for. A very good player at one game, would undoubtedly, by reflection and practice, become so at the other; both are games of attack and defence, and a great deal depends on properly judging which is to be adopted; but no rules can give what depends on natural quickness and observation. In general, however, I think the forward game is oftener right in the New than in the Old Whist. To force your partner, and endeavour to steal a trick, would be thought often allowable in the Short, when in the Long Game it would be condemned.

The odds are also very considerably altered, and, *cæteris paribus*, I conceive it is at least five to four in favour of the dealer for

nombre de quatre dans le grand Whist et de deux dans le Whist en cinq points, je crois que le premier jeu offre au bon joueur un avantage double de celui qu'il a dans le second, ayant deux fois le nombre de points à jouer. Un joueur très habile à l'un de ces jeux, pourrait sans aucun doute le devenir à l'autre avec de la réflexion et de la pratique. Ce sont des jeux d'attaque et de défense, et le tout dépend de savoir juger lequel de ces moyens il faut adopter; mais aucune règle ne peut donner ce qui repose entièrement sur la promptitude naturelle du jugement et sur l'observation. En général, cependant, je crois que la hardiesse est plus souvent convenable dans le nouveau Whist que dans l'ancien. Forcer votre partenaire et tâcher de surprendre une levée serait toléré dans le Whist en cinq points, tandis que dans le grand ce serait condamnable.

Les paris *(odds)* sont aussi considérablement changés, et, toutes choses égales, je conçois que c'est au moins dans la proportion de cinq à quatre

the game; and six to five for the rubber *in the New*; whereas in the Old Game it is at *most* gold to silver, or 21 to 20. To conceive this, you must consider that it is little more than two to one against the turning up an *honour:* and *having* turned one up, it is nearly an even bet that the dealer scores two by honours. For as two out of the other three must be in the *hands* of one party, and the dealer and his partner having twenty-five cards, there is only twenty-six to twenty-five against *their* having them.

This is so decided an advantage, where five is the number to be played for, that I am confident two bad players, with the first deal in every game, would in a long run beat the two best in England.

In Short, as in Long Whist, though the knowledge and practice of general rules may constitute a tolerable player; yet, to acquire any excellence, a critical perception when and how these are to be departed from, is absolutely necessary. There are few things to

pour la partie, en faveur de celui qui donne, et de six à cinq pour le robre, dans le nouveau jeu; au lieu que dans l'ancien jeu la proportion est comme de l'or à l'argent ou comme 21 à 20. Pour concevoir ceci il faut considérer qu'il y a un peu plus de 2 contre 1 que celui qui donne ne tournera pas un honneur; et quand il en tourne un il y a pari presque égal que le parti qui donne marquera deux points par les honneurs; car puisque deux des trois autres honneurs doivent être dans les mains d'un des partis, et que celui qui donne et son partenaire ont vingt-cinq cartes, il n'y a que vingt-six contre vingt-cinq qu'ils ne les auront pas.

Ceci est un avantage si positif, lorsque l'on joue pour le point de cinq, que j'ai la conviction que deux mauvais joueurs, avec la première donne dans chaque partie, gagneraient à la longue les deux meilleurs joueurs d'Angleterre.

Dans le petit Whist comme dans le grand, quoique la connaissance et la pratique des règles générales puissent constituer un joueur passable, cependant, pour acquérir quelque supériorité, il est absolument nécessaire de distinguer judicieusement quand et comment il est à propos de s'en éloigner. Il y a peu de choses à observer quant

be observed in which there is a considerable difference, in the two games. Though *three*, in the *first* instance, is nearly as good as *four*, (I mean your adversaries *not* having scored a *point*,) still it is by no means so if *they* are also three or four. The reason is obvious: it is the chance of calling which gives eight the advantage over nine; but this not being allowed at *three*, it is evident that if your adversary is at *four*, and you have two by honours, three is not better than two, as without the odd trick you lose the game. Of course, in the beginning of a game, no finesse is justifiable, on which depends your scoring two or four, when you have three certain in your cards.

It is easy to conceive, that with a very good hand it is not improbable that you may score five; though highly so that you do not *ten*. Of course, bold play is much oftener successful in the Short than the Long Game, and stealing a trick, which will save the game in the one, will, in case of a great hand, seldom have that effect in the other.

In contradiction, however, to *my* opinions,

à la grande différence qui existe entre les deux jeux. Bien que trois points dans le premier jeu soient aussi bons que quatre (en supposant que vos adversaires n'aient pas marqué un point), cependant il n'en est pas ainsi s'ils sont aussi à trois ou à quatre. La raison en est évidente : c'est la chance d'appeler qui donne à huit l'avantage sur neuf ; mais l'appel n'étant pas permis à trois dans le petit Whist, il est évident que si votre adversaire est à quatre et que vous ayez deux, par les honneurs, trois ne vaut pas mieux que deux, parce que sans la septième levée vous perdez la partie. Naturellement, au commencement d'une partie, aucune finesse n'est justifiable qui puisse vous faire marquer deux ou quatre, lorsque vous avez trois points assurés dans vos cartes.

Il est aisé de concevoir qu'avec un très bon jeu il n'est pas improbable que vous marquiez cinq points ; mais il est très improbable que vous en marquiez dix. En conséquence, un jeu hardi a souvent plus de succès dans le petit que dans le grand Whist, et faire par surprise une levée qui sauvera la partie dans le premier, aura, en cas de beau jeu, rarement cet effet dans l'autre.

En contradiction cependant avec mes opinions,

I hear that the good players are fonder of the *New* than the *Old Game;* though I can see no argument in favour of this, except (as I before premised) that it circulates the money quicker.

I cannot omit one observation: — Though, with *good* players, the lead nearly counter-balances the advantages of the *deal,* with *bad* ones it is of little or no advantage; of course it increases that of the dealer. The first lead in both games requires judgment, and is so little comprehended that it is generally twelve to one a wrong card is played, and the fate of the whole hand frequently depends upon *it.* These are, however, such plain situations that it is impossible to make a mistake.

At Short Whist, the *first deal,* there is scarcely any finesse that is not justifiable, when the failure leaves you at *three* instead of *four.*

---

j'apprends que les joueurs habiles sont plus passionnés pour le nouveau que pour l'ancien jeu ; je ne vois en faveur de cette préférence aucun argument, si ce n'est, comme je l'ai déjà dit, que l'argent circule avec plus d'activité.

Je ne puis omettre une observation. Quoique avec les joueurs habiles la primauté en main contrebalance les avantages de la donne, avec les joueurs inférieurs c'est d'un intérêt médiocre ou à peu près nul, et celui qui donne y trouve un avantage. La première main dans l'un et l'autre jeu demande du jugement ; on la comprend si peu qu'il y a généralement douze à parier contre un que la première carte est jouée mal à propos, et le sort de la partie entière en dépend souvent ; il y a cependant des situations si simples qu'il est impossible de se tromper.

Au Whist en cinq points, lors de la première donne, il y a à peine quelque finesse qui ne soit justifiable, quand la non-réussite vous laisse à trois points au lieu d'être à quatre.

POSTSCRIPT.

Being unexpectedly called on for another edition of this little Treatise, it may be expected I should make some further observations on the various situations which must occur in a game of such extensive combinations. I am vain enough to think, that the *attentive reader* must have acquired a competent knowledge of its principles; but I repeat, that no written maxims can make a *fine Whist player*; therein "the patient must administer to himself." Were I to define the exact difference between a *good* and a *fine player*, I should say that the former fully comprehends the force of the maxims, and how they are to be followed; the latter as clearly sees when and why they are to be violated. Without a knowledge of the different leads, the common finesses, mode of playing sequences, etc., it would be absurd to call a man even a *bad player*, as indeed he does not

POST-SCRIPTUM.

Une nouvelle édition de ce petit Traité m'est demandée ; j'étais loin de m'y attendre. On peut croire que j'ajouterai quelques observations ultérieures sur les différentes situations qui peuvent se présenter dans un jeu de combinaisons si étendues ; mais je suis assez vain pour penser qu'un *lecteur attentif* doit avoir acquis une connaissance suffisante des principes qu'il renferme. Je répète qu'aucune maxime écrite ne peut faire un parfait joueur de Whist ; pour parvenir à ce point d'excellence, il faut que l'élève s'exerce assidument. Si j'étais appelé à définir la différence exacte qu'il y a entre un bon joueur et un joueur parfait, je dirais que le premier entend bien la force des règles et comment il faut les suivre ; le second voit de plus aussi clairement quand et pourquoi il faut les violer. Il serait absurde d'appeler un homme même *joueur inférieur*, s'il n'a pas la connaissance des différentes invites, des finesses ordinaires, de la manière de jouer les séquences, etc. ; car sans cela il ne comprend vraiment rien à ce jeu. Le raisonnement et l'observa-

play the game at all. Reasoning and observation alone can show a man the situation he is placed in ; either by the hopes of winning , or fear of losing the game in the hand he is actually playing, when it is absolutely *impossible* to do either by the *common mode of playing his cards*. The fine player sometimes accomplishes it by what is called a brilliant stroke. I will mention a case of this kind, which is not an *ideal* one, and will explain my meaning better than any abstract reasoning that I could adopt.

The trumps all out, *A* remained with the ace, queen, knave, and two others of a suit not yet played, and the lead. The adversaries had five tricks, and the odd trick decided the rubber ; consequently he must win four out of the remaining five cards to save it. I need not observe that the ace is the card usually led from such a suit : but *A* considered that, by so doing, it was highly improbable he should establish the suit, and that his sole hope was to deceive the adversary. He led the queen, wich was won by the king ; and as

tion seuls peuvent faire comprendre au joueur dans quelle situation il se trouve, et le faire diriger son jeu selon ses espérances de gagner ou ses craintes de perdre, tandis que la manière ordinaire de jouer ne peut lui donner ce résultat. Le joueur parfait y arrive souvent par ce que l'on appelle un coup brillant. Je citerai un exemple de cette sorte, qui n'a rien d'idéal, et qui explique mieux ma manière de penser que tous les raisonnemens abstraits que je pourrais employer.

Les atouts étant tous sortis, *A* restait avec l'as, la reine, le valet, deux autres cartes d'une couleur non encore jouée, et la main. Les adversaires avaient cinq levées, et la septième levée décidait le robre; il fallait donc gagner quatre des cinq cartes restantes pour sauver le robre. Il est inutile de faire observer qu'avec un pareil jeu l'as est la carte ordinairement jouée. Mais *A* considéra qu'en jouant ainsi il n'était nullement probable qu'il pût établir sa couleur, et que son seul espoir était de tromper l'adversaire. Il joua la dame, qui fut enlevée par le roi, et, comme son partenaire n'avait pas l'as, l'adversaire con-

his partner had not the ace, the adversary naturally concluded it to be in *his* partner's hand, and of course that by returning this suit he must win the game. The consequence was that *A* won the four tricks and the rubber.

After all that can be said on the subject, Whist is by no means a game of skill like billiards. The best calculator and Whist player of his time (Lord Wm. Manners) always maintained that there was no more than 5 *per cent.* odds, between the two best and the two worst players; yet there is scarcely a rubber played where shillings are not given, in other words, 10 *per cent.* for the choice. This, if constantly persisted in, must ruin the *Better*: indeed, this will be the consequence to every man who *lays* the odds, as they are at present calculated, I mean the *three* to *one*, after the *first game*: the five to two (on six), and two to one on *five love*, are, I think, in favour of the *Better*. In regard to finessing, every player knows the tenace when the *superior* cards are in question, and the *usual* modes of *gaining* it: but there are

clut naturellement qu'il devait se trouver dans le jeu du sien, et qu'en conséquence, en rejouant la même couleur, il devait gagner la partie. Il en résulta que *A* gagna les quatre levées et le robre.

Après tout ce qui a été dit sur ce sujet, le Whist n'est nullement un jeu d'adresse comme le billard. Le meilleur calculateur et en même temps le meilleur joueur de Whist de l'époque (Lord Wm. Manners) a toujours prétendu qu'il n'y avait *pas plus de* 5 *pour* 100 de différence entre les deux meilleurs et les deux plus mauvais joueurs; cependant il se joue à peine un robre où l'on ne donne des schellings, c'est-à-dire 10 pour 100 pour le choix. Si l'on persiste en ceci, le parieur doit s'y ruiner; la conséquence sera la même pour tout joueur qui jouera les proportions telles qu'elles sont établies à présent, je veux dire les trois contre un après la première partie; les cinq contre deux (sur six), et deux contre un sur cinq à rien sont, je crois, en faveur des parieurs. Quant à jouer de finesse, tout joueur connaît la tenace quand les cartes supérieures sont en question et la manière ordinaire de la gagner, mais il y en a peu qui en fassent

few who carry this down to the smaller ones, or consider that the same good effects are produced by attention to the latter as to the former. However, this style of play is not to be acquired without the habits of deep playing, as it requires meditation, and a total abstraction from any thought but what is fixed on the cards at the time of playing.

Attention to the minutiæ of the leading the lowest or highest of cards of the same value, such as the deuce or tray, is also the consequence of high play, and however necessary, seldom attended to for *trifling* stakes. However, I recommend to beginners to play with the same attention for shillings as pounds, and can assure them of a rapid improvement in consequence.

---

l'application aux cartes inférieures, ou qui considèrent que les mêmes bons effets résultent d'une même attention aux unes qu'aux autres. Néanmoins cette manière de jouer ne peut s'acquérir sans l'habitude de jouer pour des sommes fortes, parce qu'elle exige de la méditation et une abstraction totale de toute autre pensée que celle exigée par les cartes au moment de jouer.

Une attention minutieuse à inviter de la plus basse ou de la plus haute des cartes de la même valeur, comme le deux ou le trois, est aussi une conséquence d'un jeu cher; et quelle qu'en soit la nécessité, on s'y applique rarement pour de légers enjeux. Je recommande pourtant aux commençans de jouer avec la même attention pour de légères sommes que pour de fortes, et je puis leur garantir qu'il en résultera pour eux de grands progrès.

LAWS

OF

SHORT WHIST,

AS NOW PLAYED;

BY MAJOR A*****.

1. The game is five up; one point scored saves a triple game; three points scored save a double game.

2. Honours are not scored at the point of four.

3. In cutting for partners, the two highest and the two lowest play together; the lowest deals, and has the choice of cards and seats: the ace is lowest. Should a second cut be requisite in consequence of two or three cards of equal value being cut, and the *lowest* of the original four *not* be one of those who cut

RÈGLES

DU

WHIST EN CINQ POINTS,

COMME ON LE JOUE MAINTENANT;

PAR LE MAJOR A*****.

1. Chaque partie est en cinq points; un point marqué empêche la perte triple; trois points marqués empêchent la perte double.

2. A quatre points les honneurs ne font pas gagner.

3. Lorsque l'on tire pour les partenaires, les deux plus basses cartes sont ensemble, contre les deux plus hautes. Le joueur qui a pris la plus basse, a le choix de la place, des cartes, et est le premier à donner. L'as, dans ce cas, est la carte la plus basse. S'il est nécessaire de tirer une seconde fois, vu la prise de deux ou trois cartes

a second time, that original lowest has the deal and choice, notwithstanding two lower cards may be cut subsequently.

4. Every player has a right to shuffle the cards; but the dealer *has the option* of shuffling last; no one can alter the pack in any way after the cards are cut.

5. A less number than four cards taken from the top, or left at the bottom, is not a fair cut, — they must be replaced, and the cards cut again.

6. Should any card be exposed, or seen in cutting, the cards must be reshuffled and cut again.

7. The dealer is not allowed to touch the cards on the table, in order to rectify any error, or supposed error, in dealing; and cannot take back a card from more than one parcel; that is to say, if he drops two cards by mistake, and has continued beyond the hand on which the extra card fell, it is a misdeal.

semblables, la carte la plus basse du premier tirage, si elle ne se trouve pas comprise dans le deuxième, reste toujours en possession de la donne et du choix, lors même que des cartes plus basses qu'elle auraient été tirées la seconde fois.

4. Chaque joueur a le droit de battre les cartes; mais celui qui les donne peut, *s'il le veut*, les battre le dernier. Personne ne peut rien changer au jeu une fois qu'il est coupé.

5. Moins de quatre cartes coupées à la partie supérieure ou inférieure du jeu, rendent la coupe mauvaise. Les cartes doivent être replacées et coupées de nouveau.

6. Si une carte se trouve retournée ou est vue en coupant, le jeu est battu et coupé de nouveau.

7. Le joueur qui distribue les cartes, n'a point le droit de les toucher sur la table pour rectifier une erreur de donne vraie ou supposée; il ne peut retirer une carte que d'un seul paquet, c'est-à-dire que s'il donne deux cartes par mégarde au même joueur, il peut sur-le-champ retirer celle qui n'est pas la bonne; mais si, après l'erreur commise, il continue à donner à la personne qui suit, il y a maldonne.

8. If the dealer turns up a card by his own fault, the adverse party, on naming it, may call a new deal before the trump is turned; but if any card except the last be faced, it is a new deal of course.

9. If, however, either of the adverse party touch the cards during the operation of dealing, they cannot call a fresh deal under any circumstances, and in case of a misdeal the dealer is entitled to deal again.

10. Any one dealing out of turn may be stopped before the trump card is turned; if not discovered until afterwards, the deal goes on in rotation; and where two packs of cards are used (as is now the custom) the packs as changed must so continue.

11. Should any player have but twelve cards, and the others their proper number, the deal stands; and he who has the twelve cards (supposing the pack to have been originally perfect) is subject to the penalty for any revoke he may have made; but if either

8. Si celui qui donne retourne une carte par sa faute, les adversaires, en la nommant, ont le droit, avant que l'atout ne soit connu, d'exiger une nouvelle donne; mais si une carte, à l'exception de la dernière, se trouve retournée dans le jeu, une nouvelle donne est de droit.

9. Si cependant l'un des adversaires touche les cartes pendant qu'on les distribue, ceux-ci ne peuvent en aucun cas exiger que l'on recommence, et si une maldonne existe, le joueur qui donnait a le droit de donner de nouveau

10. Tout joueur qui donne hors de son tour, peut être arrêté avant que l'atout ne soit retourné; mais une fois la dernière carte montrée, la donne est bonne, et continue dans le même ordre. Et si (comme c'est maintenant l'usage) on se sert de deux jeux, les cartes restent aussi changées pendant la durée du robre.

11. Si, à la fin d'un coup, un joueur s'aperçoit qu'il lui manque une carte, tandis que les autres joueurs ont chacun leur compte, la donne est bonne, et celui qui n'a que douze cartes (si les jeux étaient d'abord complets) est puni pour chaque renonce qu'il peut avoir faite. Mais si quelqu'autre joueur se trouve quatorze cartes, le

have fourteen cards, the deal is lost. *Count your cards as you sort them.*

12. If the dealer drop the last card upon others with the face downwards before it has been seen, he loses the deal; it is, however, permitted to place it apart, while bets are made, or the former deal settled.

13. The dealer should leave the trump card on the table till he has played, after which no one is entitled to see it, but may inquire at any time what suit is trumps. Should the trump card be left on the table after the first trick is turned, it may be called.

14. Every player, before a trick is put together, may insist upon knowing who played a particular card, or require each to lay his card before him, which comes to the same thing. Formerly the demand for a particular card must be made before playing; but, according to the authority of my old friend Mathews, it was settled otherwise—and very properly.

15. If one of the players omit playing to a trick, and remain with a card more than

coup est nul et la donne est perdue. Il faut compter ses cartes lorsqu'on les arrange dans la main.

12. Si le joueur qui donne jette la dernière carte sur les autres sans la retourner avant qu'elle ait été vue, il perd sa donne. Il peut cependant la mettre de côté lorsqu'il y a des paris, ou que quelque discussion existe sur le coup précédent.

13. Celui qui donne doit laisser la carte de retourne sur la table jusqu'à ce qu'il ait joué, après quoi personne n'a le droit de la voir; on peut seulement demander quelle est la couleur de l'atout. Lorsque le *trick* est relevé, si cette carte se trouve encore sur la table, il est permis de l'appeler.

14. Tout joueur, avant que le *trick* ne soit relevé, peut s'informer qui a joué telle ou telle carte, ou demander à chacun de mettre sa carte devant lui, ce qui revient au même. Autrefois il fallait ne pas avoir encore joué pour faire placer les cartes; mais, d'après Mathews, il en a été décidé autrement, et avec raison.

15. Si un des joueurs a laissé passer un *trick* sans jeter sa carte, et se trouve rester avec une

the rest, the adversaries have the option of calling a new deal.

16. If the third player play before the second, the fourth or last player may play before his partner; if the fourth player play before the second (his partner), the second may be compelled to win, or prevented from winning the trick.

17. After four cards are played, no error in playing out of turn can be rectified.

18. Mistakes in scoring tricks may be rectified at any time during the game, whether called or not—also honours, if proved to have been *called* in time; namely, before the trump card of the next deal is turned up.

19. If any person lead out of his turn, the adversaries have the option either to call the card so played, at any time, or to call at the time any suit they choose from the partner who ought to have played.

20. If any one, supposing he has won a

carte de plus que les autres, les adversaires ont le droit de regarder le coup comme bon ou de demander une nouvelle donne.

16. Si le troisième joueur joue avant le second, le quatrième joueur peut jouer avant son partenaire. Si le quatrième joueur joue avant le second, on peut forcer celui-ci à prendre ou à ne pas prendre.

17. Lorsque les quatre cartes sont sur la table, aucune erreur sur une carte jouée hors de tour ne peut être rectifiée.

18. Les erreurs sur la marque des *tricks* peuvent être rectifiées pendant toute la durée de la partie, qu'on ait annoncé le nombre de *tricks* ou non. Il en est de même pour les honneurs s'il est prouvé qu'on les a annoncés à temps, c'est-à-dire avant que la carte d'atout de la nouvelle donne n'ait été tournée.

19. Si quelqu'un joue hors de son tour, les adversaires ont le droit d'appeler la carte pendant toute la durée de la donne, ou de demander, pour ce coup seulement, la couleur qu'ils préfèrent du partenaire qui aurait dû jouer.

20. Si quelqu'un, supposant qu'il a gagné le

trick, lead again before his partner has played to it, the adversaries may oblige the partner to win it.

21. A card to be called must have been separated from the rest — and named. Should he who calls a card name a wrong one, he may have his best or worst card of any suit called during the deal.

22. An exposed card, or a suit, must be called before the party plays; but he may be desired to stop, and the adversaries may consult as to calling.

23. A card is liable to be called if named, or even hinted by any player to be in his hand.

24. If a player trumps a suit by mistake, and the adversary plays a small card in consequence, the small card may be taken back (without being liable to be called), and the trick won with a higher card.

25. Cards thrown down must remain upon the table, and may be called by the adversaries.

26. If a person declares he "can win the

trick, joue de nouveau avant que son partenaire n'ait jeté sa carte, les adversaires peuvent obliger celui-ci à prendre sur son partenaire.

21. Une carte, pour être appelée, doit avoir été séparée des autres et nommée. Si celui qui appelle une carte en nomme une fausse, on peut, pendant toute la durée de la donne, appeler sa plus haute ou sa plus basse carte dans une couleur quelconque.

22. La carte montrée ou la couleur que l'on veut faire jouer, doit être appelée avant que le joueur n'ait rejoué une carte. Mais les adversaires peuvent l'arrêter, et se consulter sur ce qu'ils feront.

23. Une carte peut être appelée, si le joueur à qui elle appartient la nomme, ou bien donne à entendre qu'elle est dans sa main.

24. Si un joueur coupe une couleur par erreur, et que pour cette raison l'adversaire jette une petite carte, celui-ci peut reprendre sa carte sans qu'elle soit sujette à être appelée, et le *trick* peut être gagné par une carte plus haute.

25. Toutes les cartes jetées doivent rester sur la table, et les adversaires ont le droit de les appeler.

26. Si une personne déclare qu'*elle peut ga-*

game," or "win so many tricks," or speaks in such a way as to inform his partner that he has either a good or a bad hand, he may be compelled to lay his cards upon the table to be called.

27. Any one is entitled to ask at any time "what suit is trumps?" but not to be informed which was the trump card.

28. A player is entitled at any time to see the last trick turned, but never to see more than eight cards.

29. There are three ways of exacting a penalty for a revoke, which takes place of every other score:—Three tricks may be taken from the party revoking, or three points from their score, or three added to their adversaries' score. And whichever way the penalty may be taken, the revoking party must remain at four, notwithstanding sufficient might have been left to make them game[1].

[1] There is frequently judgment required in selecting the penalty for a revoke. If the revoking party be four love, add three to your own score, as it saves

gner la partie, ou *gagner tant de tricks*, ou bien encore parle de manière à indiquer à son partenaire qu'elle a bon où mauvais jeu, les adversaires sont en droit de lui faire poser ses cartes sur la table, afin de les appeler.

27. Tout joueur a le droit de demander, pendant toute la durée de la donne, de quelle couleur est l'atout ; mais il n'a point le droit de demander quelle est la carte retournée.

28. Tout joueur a le droit de voir le dernier *trick*, mais jamais de voir plus de huit cartes.

29. Il y a trois façons d'exiger la punition pour une renonce, punition qui se marque avant tout autre point : — Trois *tricks* peuvent être ôtés aux joueurs qui ont renoncé, ou trois points effacés de leur marque, ou trois points ajoutés à la marque des adversaires. Et quelle que soit la punition exigée, si la partie qui a renoncé se trouve avoir encore assez de points pour gagner, elle doit rester à quatre [1].

[1] Il y a différentes manières de fixer la punition pour une renonce. Si les joueurs qui ont renoncé ont quatre points à rien, on en marquera trois,

30. A revoke is not established before the party revoking or his partner has played again, or the trick has been turned and *quitted;* but the adversaries may call for the highest or lowest of the suit at the time, or the card shown at any period of the deal.

31. If a revoke be claimed, the adversaries forfeit as for a revoke, if they mix the tricks before it is settled.

32. No revoke can be claimed after the cards are cut for the next deal.

33. Whoever shall, by word or gesture, show his approval or disapproval of his partner's mode of play *during the deal*, or make any remark, or ask any question not specially

a double game, and puts you at three to four; if he be at three, take them away from his score; and so on. In taking away his tricks, recollect you may safely leave him to reckon honours: as he must remain at four, it is only to calculate how the scores will remain, after the penalty is taken.

30. Une renonce n'est pas faite tant que la personne renonçant, ou son partenaire, n'a pas joué de nouveau, ou que le *trick* n'a pas été tourné et quitté. Mais les adversaires peuvent appeler la plus haute ou la plus basse carte de la couleur sur le coup, ou bien la carte montrée pendant toute la durée de la donne.

31. Une renonce étant réclamée, les adversaires paient comme pour une renonce, s'ils mêlent les cartes avant que le coup n'ait été décidément arrêté.

32. Aucune renonce ne peut être réclamée après que les cartes ont été coupées pour la donne suivante.

33. Quiconque, par geste ou parole, montre son approbation ou désapprobation sur la manière de jouer de son partenaire pendant la durée du coup, ou fait quelque remarque ou question qui

ce qui sauvera de la perte double, et vous mettra trois à quatre. S'ils ont trois points, on fera démarquer, et ainsi de suite. Il faut se rappeler seulement qu'en prenant les *tricks* qu'ils ont faits, on peut sans inconvénient leur laisser marquer les honneurs, car leur meilleure chance étant de rester à quatre, il faut seulement voir comment sera la marque, lorsque la punition aura été fixée.

allowed by the Laws of Whist, shall forfeit one point, either to be added to the adversaries' score, or deducted from his own, at their option.

34. If the dealer looks at the bottom card, he loses his deal.

---

ne soit pas spécialement accordée par les lois du Whist, perd un point, soit à retrancher de sa marque, soit à ajouter à la marque des adversaires, à leur choix.

34. Si celui qui donne regarde la carte de retourne, il perd sa donne.

RULES FOR PLAYING WHIST,

TRICKS COUNTING DOUBLE.

The game is ten.

Every trick is scored two : three honours two, and four honours four.

Two points scored save a triple game, six points scored save lurch.

At eight the honours may be scored, but one cannot call.

The other rules are the same as those of Short Whist, excepting every point forfeited is scored two.

Thus law 29, read :

There are three ways of exacting a penalty for a revoke, which take, place of every other score : — Three tricks may be taken from the party revoking, or *six* points from their score, or *six* added to their adversaries' score. And whichever way the penalty may be taken, the revoking party must remain at *eight,* notwithstanding sufficient might have been left to make them game.

RÈGLES DU WHIST

AUX TRICKS DOUBLES.

La partie est en dix points.

Chaque trick vaux deux points ; trois honneurs comptent deux points, quatre honneurs quatre points.

Deux points marqués sauvent la perte triple, six points marqués sauvent la perte double.

A huit les honneurs comptent, mais on ne chante pas.

Les autres règles sont les mêmes que celles du Whist en cinq points, en observant que chaque point de punition compte deux.

Ainsi, règle 29, lisez :

Il y a trois façons d'exiger la punition pour une renonce, punition qui se marque avant tout autre point. — Trois tricks peuvent être ôtés aux joueurs qui ont renoncé, ou *six* points effacés de leur marque, ou *six* points ajoutés à la marque des adversaires. Et quelle que soit la punition exigée, si la partie qui a renoncé se trouve avoir encore assez de points pour gagner, elle doit rester à *huit*.

VOCABULARY

OF THE

TECHNICAL TERMS OF THE GAME OF WHIST,

AND THEIR DEFINITIONS.

CALLING : is when a partner, having scored eight points and holding two honours, inquires of the other : « Can you one? » In which case, should the reply be affirmative, the partners calling have gained the game.

CALLING : is also the right of partners to have a card played which has been shown by adversaries. — See the LAWS OF WHIST.

CLUBS : one of the four suits.

DEAL : the player who cuts the lowest card is entitled to deal.

DIAMONDS : one of the four suits.

DOUBLE : winning the game before the adversaries have scored five (Long Whist), three (at Short Whist), six (at Whist tricks counting double).

DUMBY : when three persons only play the game, the fourth hand having no holder is exposed open on the table.

VOCABULAIRE

DES

TERMES TECHNIQUES DU JEU DE WHIST,

ET LEURS DÉFINITIONS.

Appeler ou chanter : se dit quand un partenaire, ayant marqué huit points, demande à l'autre : « En pouvez-vous un ? » Si la réponse est affirmative, les partenaires qui appellent ont gagné la partie.

Appeler : est aussi le droit qu'ont les partenaires de faire jouer à leurs adversaires une carte que ceux-ci ont montrée. — Voyez les Règles du Whist.

Trèfles : une des couleurs.

Donne : le joueur qui, en tirant pour les cartes, a pris la plus basse, donne les cartes.

Carreaux : une des couleurs.

Double : signifie gagner la partie avant que les adversaires aient marqué cinq (au Whist en dix points), trois (au Whist en cinq points), six (au Whist aux tricks doubles).

Dumby (le Mort) : lorsqu'on joue le Whist à trois personnes, la quatrième main vacante se joue à découvert sur la table, et s'appelle le Mort.

ELDER-HAND OR LEADER : is the person on the left of the dealer till a trick is won, when the person who wins it, becomes the ELDER-HAND.

FINESSE : means an attempt to gain an advantage, thus : with the first and third best cards in your hand, you play the latter, and should your adversary not hold the second best, which is two to one against him, you are thus enabled to win a trick.

FORCING : is leading the suit of which your partner or adversary has not any, and which he must trump in order to win.

GAME : consists of ten points. All above six tricks count towards the game.

HAND : the thirteen cards given to each player.

HEARTS : one of the four suits.

HONOURS : ace, king, queen, knave of trump.

LONG TRUMP : having one or more trumps in your hand, when all the rest are out.

LOOSE CARD : a card of no value, consequently the most suitable to throw away.

LOVE : term used in marking the points, and signifying NOTHING. One to nothing, two to nothing, etc.

MAJOR : when preceded by TIERCE, QUART OR QUINT, signifies that those sequences commence with the ace.

PREMIER : c'est la personne à la gauche de celui qui donne jusqu'à ce qu'une levée soit faite, alors la personne qui la fait devient PREMIER.

FINESSE : c'est chercher à gagner un avantage, ainsi : si vous avez la plus forte et la troisième meilleure carte en main, jouez la dernière, et dans le cas où votre adversaire ne posséderait pas la seconde (et il y a deux à parier contre un qu'il ne l'a pas), vous gagnez par ce moyen une levée.

FORCER : jouer la couleur dont le partenaire ou l'adversaire n'a point, afin qu'il mette un atout pour gagner la levée.

PARTIE : la partie est en dix points. Au-delà de six, les tricks comptent pour la partie.

JEU : les treize cartes qui forment le jeu de chacun des joueurs.

COEURS : une des couleurs.

HONNEURS : l'as, le roi, la dame et le valet d'atout.

LONG ATOUT : c'est avoir le ou les derniers atouts dans la main, tous les autres étant joués.

CARTE FAUSSE : une carte qui n'a pas de valeur, et qui n'est bonne qu'à jeter.

LOVÉ : mot employé en marquant les points, et qui signifie RIEN. Un à rien, deux à rien, etc.

MAJEURE : quand ce mot est précédé par TIERCE, QUARTE OU QUINTE, il signifie que ces séquences commencent par l'as.

PARTNER : the two players who have cut the two lowest cards, are partners against the two highest, during the rubber.

POINTS : constitute the game and mark its progress.

QUART : a sequence of four cards.

QUINT : a sequence of five cards.

RENOUNCE : is when a player, not holding any cards of the suit led, is forced to play another.

REVOKE : is when a player, not holding a card of the suit led, plays another. There are three penalties for a revoke. — See the LAWS OF WHIST.

RUBBER : a party consisting of three games.

RUFFING : trumping or cutting.

SCORE : the number of points marked; the following is the general mode of scoring :

1	2	3	4	5	6	7	8	9
0	00	000	0000	0	0	00	000	0
				00	000	0	0	0
								0

SEE-SAW : each partner trumping a suit.

SINGLE : winning the game when your adversary has scored one or two.

Partenaire : les joueurs qui ont pris les deux plus petites cartes sont partenaires, et jouent contre ceux qui ont les deux plus hautes, pendant la durée du robre.

Points : constituent la partie et en marquent le progrès.

Quatrième : une séquence de quatre cartes dans la même couleur.

Quinte : une séquence de cinq cartes, etc.

Renonce : c'est lorsqu'un joueur, n'ayant pas de cartes de la couleur jouée, se trouve forcé d'en jouer une autre.

Renonce : s'entend aussi du joueur qui ne donne point de la couleur jouée, quoiqu'il en ait dans la main. Les renonces sont punies de trois façons différentes. — Voyez les Règles du Whist.

Robre : partie liée.

Couper : jouer de l'atout quand on n'a pas de carte de la couleur jouée.

Marque : le nombre de points marqués. Voici la manière de disposer les jetons pour marquer les différens points :

1	2	3	4	5	6	7	8	9
0	00	000	0000	0	0	00	000	0
				00	000	0	0	0
								0

Navette : chaque partenaire coupant une couleur différente.

Simple : on gagne simple, c'est-à-dire une fiche, lorsque les adversaires ont marqué un ou deux points.

SINGLETON : when you hold only one card of a suit, it is so called.

SLAM : winning every trick.

SPADES : one of the four suits.

TENACE : is possessing the first and third best cards, and being last player; as, for instance, if you hold the ace and queen of any suit which your left-hand adversary leads, you are certain of gaining two tricks by preserving the tenace.

TIERCE : a sequence of three cards.

TRICK : consists of four cards thrown on the table by the four players. There are thirteen tricks in the game. The seventh is called the ODD TRICK.

TRUMPS : are the cards of the suit indicated by the turn up or last card of the deal. To MAKE A TRUMP, means to WIN A TRICK; to TRUMP or to CUT, is to play trumps upon another suit of which you do not hold any.

UNDERPLAY : it consists in keeping back the best card, and playing a low one, particularly when returning the left-hand adversary's lead ; it is then done with a view to your partner making the third best if he has it, while you still retain the commanding card.

SINGLETON : ce mot exprime une carte unique d'une couleur quelconque.

CHELEM OU VOLE : faire le chelem, signifie gagner les treize levées.

PIQUES : une des couleurs.

TENACE : c'est posséder la première et la troisième meilleures cartes, et être le dernier à jouer; par exemple, si vous tenez l'as et la dame de quelque couleur que joue votre adversaire de gauche, vous êtes certain de gagner deux levées en conservant la tenace.

TIERCE : une séquence de trois cartes.

TRICK (levée) : consiste en quatre cartes jetées sur la table par les quatre joueurs. Il y a treize levées dans une partie. La septième levée est appelée ODD TRICK.

TRUMPS (atouts) : sont les cartes de la couleur indiquée par la retourne ou dernière carte de la donne. FAIRE UN ATOUT, veut dire GAGNER UNE LEVÉE; COUPER, c'est jeter un atout sur une autre couleur dont vous n'avez aucune carte.

JOUER EN DESSOUS : impasse particulière, qui consiste à garder la carte-roi, et à en jouer une petite de la même couleur, particulièrement sur l'invite de votre adversaire de gauche; vous jouez ainsi dans l'intention de faire faire à votre partenaire la troisième carte gagnante, s'il l'a, tandis que vous conservez toujours la carte maîtresse.

WHIST : the name of the game is derived from an interjection, signifying SILENCE ! no talking being allowed while the game is in progress.

WINNING CARD : the highest card of a suit.

THE END.

PRINTED BY CRAPELET,
9, Vaugirard street.

WHIST : le nom du jeu dérive d'une interjection anglaise, qui signifie SILENCE ! parce qu'il n'est pas permis de parler pendant la partie.

CARTE-ROI : la plus haute carte restante d'une couleur.

FIN.

DE L'IMPRIMERIE DE CRAPELET,
Rue de Vaugirard, n° 9.

BIBLIOTHEQUE ROYALE

www.ingramcontent.com/pod-product-compliance
Ingram Content Group UK Ltd.
Pitfield, Milton Keynes, MK11 3LW, UK
UKHW022014170726
13837UKWH00001B/179

9 782019 995874